成都市科技局软科学项目：建筑业高质量发展进程中创新要素聚集的产业链控制力研究（2023-RK00-00151-ZF）

# 建筑业转型

# 技术创新与产能提升

陈泽友
秦　李
潘燕铃　著



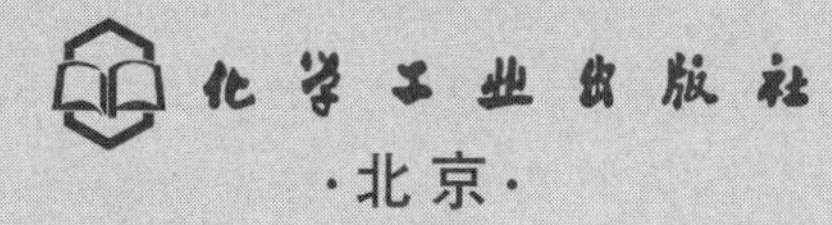


·北京·

**内容简介**

《建筑业转型技术创新与产能提升》主要包括八部分内容：国内外建筑业转型和技术创新以及建筑业产能的研究现状、建筑业转型与技术创新现实分析、技术创新与产能提升的关系、建筑业转型技术创新提升产能的评价指标体系及优化、建筑业转型技术创新提升产能评价与时空演化的理论方法、我国建筑业转型技术创新提升产能的指标数据处理和评价分析、我国建筑业转型技术创新提升产能时空演化分析、我国建筑业转型技术创新提升产能的措施。

本书可供建筑技术、数字化技术、绿色技术、节能环保技术等领域的专业人士，研究方向与建筑工程技术创新和产能提升相关的学者、硕士和博士进行研读。

**图书在版编目（CIP）数据**

建筑业转型技术创新与产能提升 / 陈泽友，秦李，潘燕铃著. -- 北京 : 化学工业出版社，2024. 8.
ISBN 978-7-122-46618-1

Ⅰ. F426.9

中国国家版本馆CIP数据核字第202430L65F号

责任编辑：刘丽菲　　责任校对：宋　玮
装帧设计：张　辉

出版发行：化学工业出版社
（北京市东城区青年湖南街13号　邮政编码100011）
印　　装：河北延风印务有限公司
710mm×1000mm　1/16　印张11½　字数177千字
2025年5月北京第1版第1次印刷

购书咨询：010-64518888　　售后服务：010-64518899
网　　址：http://www.cip.com.cn
凡购买本书，如有缺损质量问题，本社销售中心负责调换。

定　　价：79.00元

# 前言

建筑业转型是推动其高质量发展的必然要求。当前，建筑业在我国逐步朝着工业化、数字化和智能化的方向发展，这源于数字技术（如BIM等）和预制装配化在建筑领域的应用，以及产品全生命周期项目管理理念和成熟的先进制造解决方案的渗透。这种转变意味着建筑业从传统的粗放型管理模式逐渐转向更为高效的管理模式，且转型初见成效。如何进一步推动建筑业产能的提升成为社会关注的问题。住建部、工信部等13部门联合发布的《关于推动智能建造与建筑工业化协同发展的指导意见》明确指出要以数字化、智能化升级为动力推动建筑业高质量发展。随着BIM、智慧工地、物联网等技术在建筑业中应用的不断完善，建筑业转型正成为其实现高质量发展的重要路径。

产能是建筑业高质量发展的重要指标之一，如何有效提升产能成为建筑业发展的重要课题。高环境负荷下的低质量供给以及技术创新效率滞后等问题制约了建筑业产能的提升，现如今，数字技术作为建筑业技术创新的核心之一，正促使建筑企业转变生产方式、调整和优化产业结构，驱动建筑业高质量发展和转型。正因如此，以产能提升作为实际成效的建筑业技术创新日益重要且迫切。

党的十九届五中全会通过的《中共中央关于制定国民经济和社会发展第十四个五年规划和二〇三五年远景目标的建议》指出要加快数字化发展，并对数字化技术赋能传统产业转型做了系统部署。对于政策制定者和规划者而言，了解行业变革和技术创新对于政策制定和行业规划的影响，以及如何在政策中推动建筑业技术创新、促进转型是有必要的；对于对建筑工程技术创新和产能提升感兴趣的学者、研究生而言，将有助于其发掘建筑业转型的新路径。

本书的具体编写分工为：西华大学建筑与土木工程学院的陈泽友全面负责，包括本书框架构建、现状统计分析、理论模型构建、实证数据分析处理、研究结果分析等；成都建工第三建筑工程有限公司造价管理部的秦李负责文献资料收集、问卷设计、市场调查、统计数据的收集和分类整理等；西华大学建筑与土木工程学院的潘燕铃负责问卷分析、统计数据的整理工作。

著者

# 目录

# 第一章　国内外研究现状及内涵

## 第一节　建筑业转型国内外研究现状及内涵

### 一、建筑业转型国外研究现状

目前，建筑业是世界上数字化程度最低的行业之一，大多数参与方都局限于传统模式。在各国对建筑业相关数据的研究中发现，经济实体的发展与建筑业存在相互影响的关系，且在不同时期不同阶段，通过数据模型等方式，确定了建筑业升级发展的必要性。

国外学者对建筑业转型开展了多个领域的研究，主要包括产业结构的调整，特别是产业结构的管理及相关政策等方面的研究。

英国学者Stumpf[1]认为，建筑行业正面临挑战，市场份额和建筑企业数量在逐步萎缩，基于不同类型的建筑公司和行业标准，中小规模建筑企业难以打开国际市场。George Ofori[2]认为，21世纪以来，建筑业的经济形势更加复杂，面对技术革新、全球化加速发展等多方面的因素影响，业主的需求也随之不断变化。市场布局已经从仅仅满足国内消费需求向国际市场拓展转变，更为重要的是，企业开始通过提高劳动生产率来降低成本，而不是简单地降低工人工资，这体现了对工人技能和效率的重视，也有助于提升企业的竞争力。

Graham[3]通过深入研究英国建筑业的产业升级，基于英国政府发布的Latham报告，进一步发展出了建筑业改革战略模型，该模型详细揭示了推动建筑业变革的动力，并有针对性地提出了具体的变革措施和响应的评价指标，这一模型为英国建筑业的产业结构调整和优化升级提供了明确的指导方向。加拿大学者乔治·塞登[4]在研究欧洲和非洲国家的建筑市场时，发现市场因素在推动建筑行业创新方面具有决定性作用。Chinowsky[5]在研究世界400强建筑企业时，认为大型建筑企业比中小型建筑企业更具备技术革新和领导能力，这也正是大型建筑企业能够长期保持竞争优势的关键因素。

M.B. Bonham [6]认为政府是领导和推动建筑业变革的关键，通过政策推进及合理的经济调控手段，实现建筑业可持续发展。Gary D[7]认为，建筑业的转型发展是市场需求导向与政府政策规划共同作用的结果，政府通过对建筑业的发展进行规划和管理，能够更好地规范行业的转型方向。Youngju Na，Shraddha Palikhe[8]认为建筑业正在蓬勃发展，随着人口的增加，对"可持续健康建筑"的需求也在增加，因此，健康状况和成本管理是至关重要的。平衡好建筑物的健康状况和经济效益可以更好地采取有效的管理措施来提高建筑物的健康状况并降低成本。这一举措将有助于提高建筑物的使用价值，为建筑行业和整个社会带来巨大的经济效益。

此外，在建筑业转型多样化发展方面，Bill Bordass[9]认为，在推动建筑业转型的过程中，技术创新和管理创新是不可或缺的驱动力；建立完备的创新体制，加大创新力度，可以更有效地实现建筑业转型发展，为建筑业的整体创新提供坚实的基础，从而更好地应对市场变化和行业挑战。Tomas[10]认为在绿色发展大背景下，对建筑业的绿色生产作业水平、环境质量状况以及经济投入等定量测算尤为重要；通过深入分析这些投入与产出的绩效，明确绿色发展在建筑业转型中的重要作用，有助于更好地理解建筑业转型的内在机制，为未来的发展提供有益的参考。R.Volk [11]认为建筑信息模型（BIM）技术的应用，为更好地应对数字化和自动化程度提高、现有建筑存量增长和可持续性需求等长期趋势提供了全新的视角。结合云计算、语义网络和移动BIM设备等新兴技术，建筑业转型的发展方向应聚焦于建筑产品创新、产业链的纵向整合和横向联合等方面，这些方向将有助于建筑业在未来的市场竞争中保持领先地位，并实现可持续发展目标。Marcin[12]认为在经济发展不平衡的背景下，建筑企业创新存在地域性差异的现象，市场需求、资源分配以及政策环境有所不同，对中小型建筑公司而言，企业家更应认识到创新可以提高企业的核心竞争力。Liu[13]等通过深入探讨商业模式的创新对建筑业工业化转型的作用，帮助业内人士更好地应对建筑工业化所带来的技术变革，有助于提升行业的适应性和竞争力，推动建筑业向更加高效、可持续的方向发展。

## 二、建筑业转型国内研究现状

当下，我国经济发展正处于一个关键的转折点，面临着增速换挡和结构调整的挑战。作为国民经济的重要支柱，建筑业在这场变革中也承受着前所未有的压力。随着国内生产总值增长速度的放缓，建筑业增加值的增速呈下滑趋势。传统的发展模式，依赖高资本投入和生产规模扩张，已经无法适应当前的经济发展需求。这种粗放型增长方式不仅效率低下，而且对资源环境造成了巨大的压力。因此，我国政府对建筑业提出了高质量的发展要求，推动其从高投入、高能耗的粗放型增长方式向绿色、环保、可持续的方向转变。建筑业需要融合信息技术和先进制造技术，实现全面的节能减排，这不仅可以提高建筑业的生产效率和质量，更能降低能耗、减少对环境的破坏，为我国的绿色发展做出积极的贡献。

为了确保建筑业在国民经济中继续发挥支柱作用，必须坚持自我创新和转型发展。这不仅是应对外部压力和挑战的需要，更是顺应国家高质量发展要求的必然选择。通过创新和转型，建筑业可以提升自身竞争力，更好地适应和引领新常态下的经济发展。

周建亮、吴跃星、鄢晓非[14]对美国BIM技术在高等教育领域中的应用进行深入研究，了解其在建筑业中的实际应用情况，在此基础上进一步分析了BIM技术在我国的发展现状及其面临的主要挑战。通过与国外BIM技术的进展进行对比分析，有助于推动我国BIM技术的推广和建筑业的转型。高源等[15]基于绿色低碳视角，探讨影响我国建筑业发展的关键因素，为了实现建筑业的可持续发展，政府需要加大政策支持力度，推动建筑企业向低碳转型；企业则需要加强技术研发和应用，提升自身的竞争力；社会也需加强宣传教育，提高公众的低碳环保意识。陈政高[16]提出在推动建筑业绿色发展的进程中，装配式建筑起到重要作用，装配式建筑的发展能带动相关产业的发展，如预制构件制造、物流运输等，进一步促进经济的可持续发展。孔燕[17]认为，在建筑业转型的大背景下，专业人才的需求及其作用显得尤为突出。四川省作为建筑业发展的重要地区，其人才队伍建设的经验与实践为我们提供了有益的借鉴。通过政府、高校和企业的多方合作，可以有效地弥补人才缺口，培育国际化的专业人才，并优化人才结构，从而推动建筑业的顺利转型。穆文奇、郝生跃、宋天石[18]提出我国建筑施工企业的路径依赖性主要表现在三个方面，包括管理体制、管理机制以及企业文化。这意味着在长期的发展过程中，企业容易陷入一种固有的管理模式和思维惯性，难以适应外部环境的变化和挑战，因此，打破路径依赖性对于建筑施工企业的创新和发展至关重要。毕天平、杨雪梅、高东燕[19]对建筑业转型的当前形势和未来发展趋势进行深入分析，提出建筑业健康发展的主要对策：首先，建筑企业应积极转变传统技术手段，探索并拓展多元化的业务渠道，以适应现代化发展的需求；其次，企业应紧密关注国家政策导向，加大信息化技术的推广和应用力度，提升行业信息化水平；此外，为了推动建筑工业化发展，企业需关注建筑工业化技术的发展趋势，并加强与相关企业的合作与交流。

石治平[20]指出信息技术在建筑业转型过程中发挥着关键作用，为提升生产效率和管理能力提供了有力支持。谢芳芸[21]通过深入研究建筑工业化和产业结构，利用数据和Lotka-Volterra模型分析了建筑工业化演进过程，验证了转型的必要性。杨杰[22]等从价值转移规律角度出发，分析了政府、市场和第三方协同机制不完善对建筑业发展绩效的影响，明确了新常态下的发展方向。崔秀瑞[23]运用定性与定量方法，系统地探讨了建筑业转型的路径、制度体系、发展理念等，为转型提供理论和实践指导。彭书凝[24]等从企业转型视角出发，深入分析了建筑产业化的制约因素，指出国家宏观调控和竞争是影响建筑业发展的根本原因。

李学东[25]从企业转型视角探讨了建筑产业化的制约因素，并提出“PPP＋EPC”工程建设模式是行业发展的方向，通过管理创新驱动建筑业转型。袁丹丹[26]深入梳理了国内外文献，探讨了装配式建筑的优势及其对建筑业升级改造的影响，总结出六个关键影响因素，包括经济、市场、政策、环境、技术和管理等，并构建了结构方程模型（SEM）进行实证分析。结果表明技术因素影响最大，经济、市场和环境因素也有较大影响，而管理和政策因素的影响较小。张爱琳[27]等指出，智慧信息化建造中互联网的支持与应用对建筑业转型至关重要，尤其在生产方式、管理模式和市场机制方面。李兰兰[28]研究了建筑业绿色发展不足的原因，并从驱动机制出发，探讨了绿色转型的发展路径，为我国建筑业绿色发展提供了具体路径。牛松[29]等结合供给侧改革背景，从规范建筑市场的角度分析了装配式建筑对建筑业供给侧结构性改革的影响，强调了其在信息化、智能化、绿色低碳化等方面的促进作用。曹家玮[30]在经济增长和产业转型理论的指导下，研究了安徽省建筑业在宏观经济新常态下的转型现状，提出了一系列对策建议。张英杰、叶怀远、王晓峰[31]通过建立预测模型，对建筑行业劳动力的供求趋势进行了预测，指出建筑行业转型是缓解“用工荒”的有效途径。

赵鹤[32]基于多种理论基础和分析方法，对A企业转型策略进行了深入研究，分析了转型驱动因素、内部现状、发展环境和主要问题，结合短期和中长期目标，提出了五大路径规划。张婧[33]等认为在人口老龄化的背景下，提高劳动生产率和降低劳动成本已成为企业发展的挑战，因此，建筑产业化作为建筑业转型的关键，对于应对这些挑战具有重要意义。王利民[34]认为目前建筑企业面临产值低、利润低、大而不强、专而不精等挑战，且在建筑业转型中易出现质量问题，需解决转型与质量发展的协同性，确保建筑业可持续发展。

## 三、建筑业转型的内涵

随着时代的不断演进和社会的快速发展，建筑业作为一个关系到城市面貌、社会结构和人居环境的关键行业，正面临着前所未有的转型压力与机遇。建筑业的繁荣不仅是城市繁荣的象征，更是国家经济持续健康发展的重要支柱之一。然而，传统建筑业在应对新时代挑战、迎接全球性问题的过程中，逐渐暴露出效率低、资源浪费大、环境影响重等问题，亟须深刻的转型，以适应日新月异的社会需求和可持续发展的时代潮流。建筑业转型是指在社会、经济和科技发展的新背景下，建筑业从传统的模式、技术和管理方式向更加高效、可持续和创新的方向发展的过程。这一转型不仅仅是简单的技术升级，更涉及产业结构的深刻调整、管理理念的全面创新以及对可持续发展的高度重视。

首先，在科技飞速发展的时代背景下，建筑业必须引入先进的信息技术、人工智能和大数据分析等手段，以提高设计、施工、管理的效率，降低成本，实现产业链的升级。其次，绿色、环保理念应成为建筑业发展的主导方向，通过采用可再生材料、节能技术和环保工艺，实现建筑过程和建筑物的环境友好，推动低碳、可持续的发展。与此同时，建筑业的管理体系也亟须创新，强调全生命周期管理，强调项目管理的精细化、信息化，提高整个建筑过程的质量和效益。此外，建筑业还应更加注重人才培养，培养具备创新意识和跨学科背景的复合型人才，以适应未来建筑业对综合素质和创新能力的更高要求。

### （一）建筑业转型涵盖了技术创新与数字化转型

随着信息化时代的到来，数字化转型对建筑业的重要性不可忽视，建筑业正面临着数字化的时代浪潮。传统的建筑设计、施工和管理方式在信息技术快速发展的现代社会逐渐变得过时，而建筑业数字化转型可以在科技快速发展的背景下，借助新一代信息技术，对管理、设计、施工等多个环节进行全面升级与优化，使信息技术成为推动建筑业转型的关键力量，从而使得建筑业能够实现从设计到施工再到运营全过程的数字化管理。这一转型不仅仅是为了迎合科技发展的潮流，更是为了提高效率、降低成本、提升质量以及适应市场和社会的不断变化。

现如今，应用于工程建设过程中的信息技术有建筑信息模型（BIM）、人工智能（AI）、大数据分析、无人机、物联网技术、云计算技术等。同时，建筑业数字化转型的主要趋势包括建筑信息模型的广泛应用、智能建筑的崛起、工程管理平台的发展等。建筑信息模型不仅仅是一个设计工具，更是整个建筑生命周期的信息集成平台。BIM技术使工程项目可视化的同时，还可以使从设计到建造再到运营的每一个环节都能够实现信息的无缝传递，将BIM技术应用于工程建设中，既能提高设计的精度和效率，又能够在施工阶段实现协同作业，减少误差和提高安全性，还可以提高建筑物的运营管理水平。智能建造的崛起也是建筑业向数字化转型的表现，智能建造通过引入物联网、无人机等技术，用于建筑勘察、监测和施工等多个方面，以提高数据的采集速度和准确性；另外，这些技术的应用还可以在建设完成后实现建筑内部系统的智能化，包括能源管理、安全管理、设备监控等。工程管理平台的出现也是建筑业数字化转型的一个表现，工程管理平台通过信息化手段，实现项目各个环节的实时监控、协同作业和数据分析，提高了项目管理的科学性和精确性。

数字化转型给建筑业带来了多方面的影响。首先，它提高了建筑业的生产效率，通过数字化手段，建筑项目的设计、施工和管理等环节能够更加高效地进行，减少了信息不对称、沟通不畅等问题，提高了整个建筑生命周期的生产效率。其次，数字化转型降低了建筑项目的成本，通过优化设计、减少误差、提高资源利用率等手段，数字化转型能够有效地降低建筑项目的成本，提高企业的竞争力。再次，数字化转型提高了建筑质量，通过BIM等技术，建筑设计能够更加准确地反映实际情况，施工过程能够更加精细地进行，从而提高了建筑质量和安全性。除此之外，建筑业数字化转型还为产业链上下游的各个参与者带来了新的机遇和挑战。对于建筑企业来说，数字化转型可以提高自身的竞争力，拓展业务领域；对于技术服务商来说，数字化转型带来了巨大的市场需求，如BIM咨询、智能建筑系统集成服务等。但同时，建筑业数字化转型也对从业人员的素质提出了更高的要求，需要他们具备跨学科的知识和技能，以适应新技术、新模式带来的挑战。

综合而言，建筑业数字化转型是一个不可逆转的趋势，是推动建筑业实现高质量发展的关键。通过引入先进技术，提高管理水平，优化产业链协同，建筑业将能够更好地适应社会和市场的需求，实现可持续、创新和高效的发展。在这一过程中，政府、企业和科研机构等各方应共同努力，形成合力，推动建筑业数字化转型迈上新的台阶。

### （二）绿色建筑和可持续发展是建筑业转型的重要方向

我国已经进入新时代，在新征程中，社会对建筑业提出了更高的要求，建筑业必须转向更加绿色、低碳的发展路径，通过采用可再生能源、节能材料和先进的建筑技术，减少对环境的负面影响。可持续发展理念融入工程建设中，对于建筑，在关注建筑物节能减排的同时，还应注重建筑与周边环境的和谐，推动城市生态的良性循环。可持续发展并不是局限于环保，而是在满足现代社会发展需求的同时，不提前透支未来发展所需的资源，追求经济、社会和环境的平衡发展。绿色建筑和可持续发展理念在建筑业转型中起到了至关重要的推动作用。

首先，在环境保护与资源节约方面，绿色建筑注重最大限度地减少对自然环境的影响，通过节约能源、减少废弃物、合理利用水资源等手段，实现对环境的保护。而可持续发展的理念要求建筑在设计、建造和使用过程中尽量减少对自然资源的消耗，这就迫使建筑业转向更加环保、资源可持续利用的方向。其次，对于提高能源效率与实现减排目标而言，绿色建筑通过采用高效能源、可再生能源和先进的节能技术，降低建筑的能耗，这不仅有助于降低运营成本，还符合可持续发展目标中的低碳减排要求。建筑业在实现绿色建筑的过程中，需要不断创新，采用新技术，提高建筑的整体能源效率，这也推动了整个行业的技术升级和转型。再者，从社会责任与企业形象的角度来看，随着社会对可持续发展理念认知的提升，企业社会责任成为企业经营的重要一环。采用绿色建筑标准不仅满足市场对环保产品的需求，也提升了企业的社会形象，建筑企业积极响应可持续发展理念，不仅在技术层面上不断提升，也在社会责任层面贡献了积极的力量。除此之外，市场需求与竞争优势也促使建筑业转型。随着消费者对环保和可持续性关注的不断增加，市场对绿色建筑的需求逐渐上升，建筑企业如果能够提供符合绿色标准的产品和服务，将在市场竞争中具有更强的优势。因此，建筑业为了适应市场需求，不得不进行转型，采用更环保、可持续的建设模式。最后，在法规与政策引导层面也能发现，许多国家和地区通过法规和政策鼓励或强制建筑业采用绿色建筑标准，这些法规和政策的出台使得建筑企业必须符合一定的环保和可持续性标准，否则可能面临法律责任，这种法规引导也在一定程度上推动了建筑业的转型。

总体来说，绿色建筑与可持续发展的理念推动了建筑业向更加环保、高效、可持续的方向发展，在这个过程中，建筑业需要不断创新，采用新技术，提高设计和施工水平，以满足市场和社会对可持续发展的需求。这种转型不仅符合社会发展的趋势，也为建筑业带来了更多的商机和竞争优势。

### （三）管理创新是建筑业转型的核心

众所周知，传统的建筑项目管理往往存在信息不对称、沟通不畅等问题，导致项目周期延长、成本增加。因此，建筑业需要引入先进的管理理念和方法，如全生命周期管理、精细化项目管理等。全生命周期管理强调整个建筑生命周期的全程管理（包括前期规划、设计、施工、运营和拆除等各个环节），而精细化项目管理则是通过信息化手段，实现项目各个环节的精细化控制，提高管理的科学性和精确性。这些新的管理理念不仅能够提高建筑项目的效率，还能够降低建筑全生命周期的整体成本，提高市场竞争力。管理创新在建筑业中的引入，不仅是一种应对变革的手段，更是推动建筑业转型的迫切需求。

首先，管理创新可以通过引入先进的项目管理工具、自动化技术和实时监控系统，优化工作流程、提高资源利用效率和降低成本，提前项目交付时间，减少浪费，从而显著提升建筑业的整体效率。随着全球化和科技进步，建筑业面临着日益激烈的市场竞争，管理创新是应对这一挑战的关键，通过采用敏捷管理、设计思维等先进的管理方法，有助于更灵活地满足客户需求，提高企业在市场中的吸引力，使企业更具竞争力。其次，建筑业正面临着技术革新的浪潮，其中建筑信息模型（BIM）、虚拟现实（VR）、人工智能（AI）等技术在工程建设中广泛应用，而管理创新正是引领这些技术变革的关键，它能够在组织层面上实现对新技术的顺利整合和应用。再者，社会对可持续发展的关注日益增加，建筑业需要适应并引领这一趋势。管理创新可以在可持续方面发挥作用，推动采用绿色建筑标准、提高能源效率、减少环境影响等方面的创新实践。由于建设项目复杂、涉及领域广泛，建筑业需要更多的多元化和高素质人才，而管理创新恰恰可以帮助吸引、培养和保留这样的人才。通过采用灵活的管理模式，鼓励创造性思维和团队协作，建筑企业能够更好地适应未来的挑战。

总的来说，管理创新是建筑业转型的动力源泉，在一个不断变化的商业环境中，通过引入新的管理理念和方法，使得建筑企业可以更好地适应市场需求，实现可持续增长，并在激烈的竞争中取得优势。

### （四）人才培养和文化建设是建筑业转型的基础

行业的转型往往会带来内部人才结构的变化。对于建筑业而言，在行业转型的过程中更需要具备新技术、新理念的高素质人才，这正要求建筑业在人才培养上进行全面升级。现如今，培养既有专业技术能力，又有创新意识和团队协作精神的复合型人才，正是建筑业转型的迫切需求，尤其当下的建筑业正面临着信息技术的飞速发展，数字技术在建筑业的广泛应用，使得培养高科技素养人才的需求变得尤为迫切，建筑企业可以通过提供专业培训和继续教育，确保员工具备使用最新技术的能力和了解最新的行业知识，从而推动行业的技术升级。新时代新征程，各行各业均须贯彻新发展理念，建筑业也不例外，社会对建筑业的可持续发展要求越来越高（包括对环保材料、能源效率等方面的关注），因此，人才培养需要紧密结合可持续发展理念，培养具有环境意识和可持续设计能力的专业人才，推动建筑业向更加环保和可持续的方向发展。

建筑业转型的基础除了人才培养外，文化建设也是不可或缺的一部分。组织文化是塑造员工态度和价值观的关键因素，通过建立积极向上、鼓励学习和创新的企业文化，可以吸引更多优秀人才加入，同时也能够激发员工的工作激情和创造力，促使整个建筑业朝着更高水平发展。为适应新时代的需求，建筑业的企业文化需要从传统的重工业文化向注重创新、环保和社会责任的文化转变。建筑业的竞争日益激烈，使得客户对于独特、可持续、智能化设计的需求不断增加，为了满足这一需求，需要培养具有创新能力和设计思维的人才，而建筑企业可以通过建立鼓励创意和实践的文化，激发员工的创新潜力，推动企业在设计和建筑技术上的不断升级。由于建筑项目涉及领域广，通常需要多学科的专业人才共同协作，因此，团队协作和良好的沟通能力在工程项目建设中表现得至关重要，建筑企业培养这些软技能可以通过建立积极的组织文化来实现，鼓励开放的沟通渠道、团队合作和知识共享，以提高项目执行的效率和质量。

综上所述，人才培养和文化建设在建筑业的转型中扮演着不可或缺的角色，可使建筑企业能够更好地适应快速变化的市场需求，推动行业朝着更加创新、可持续的方向发展。

综合而言，建筑业转型不仅仅是技术的更新，更是一场全方位、深层次的变革。通过技术创新与数字化转型、绿色建筑和可持续发展、管理创新以及人才培养和文化建设等多方面的努力，建筑业将能够更好地迎接未来的挑战，实现可持续、创新和高效的发展。建筑业的转型是一项复杂而系统性的工程，需要政府、企业、学术界等多方面的合力。政府在政策引导、法规制定和市场监管上扮演着重要的角色，要加大对创新企业的支持力度，激发市场活力。企业应当不断提升自身技术水平，加大研发投入，转变经营理念，使企业更好地适应市场需求。学术界应当加强基础研究，培养更多的创新型人才，为建筑业的创新提供坚实的理论和技术支撑。这一转型不仅有助于建筑业自身的升级，更能够为城市的可持续发展和社会的进步做出积极的贡献。在新的历史起点上，建筑业的转型不仅是为了迎接新一轮科技革命和产业变革，更是为了实现人类社会可持续发展的目标。通过转型，建筑业将更好地满足人们对美好居住环境的需求，为城市的可持续发展贡献力量。

# 第二节　建筑业技术创新国内外研究现状及内涵

## 一、建筑业技术创新国外研究现状

国外关于技术创新的研究开始较早，1912年熊彼特出版了其经典著作《经济发展理论》，技术创新理论在企业界和经济界得到了越来越多的关注。他是现代技术创新理论发展的先驱，强调了创新在建立新的生产关系中的重要性，并提出要在制度、管理、要素、工艺和市场五个方面进行全面突破[35]。

Magat[36]认为技术创新在环境保护与公司经济绩效之间起到了关键的平衡作用，企业更倾向于加大研发力度，推行绿色创新，利用清洁生产技术来减少环境污染、节约能源，推动企业实现可持续发展。Tadesse[37]认为，一个健全的金融体系能够为技术创新体系提供必要的资金支持，确保大规模投资的稳定供给。资本市场通过为投资者提供长期的激励，帮助他们分散风险并共享创新机会，促进了长期技术创新行为的稳定性和可持续性。1999—2003年，Nasierowski[38-40]等运用两步骤数据包络分析（data envelopment analysis，DEA）方法对45个国家和地区的创新效率进行了研究，研究结果显示，生产率的高低主要受到技术创新的范围和资源分配的影响。Prahalad、Hamel[41]指出企业的竞争优势来源于其核心能力，即企业能够以最低的成本、最高的效率，开发出具有市场竞争力的新产品。Goedhuys[42]等在巴西制造业的研究中，深入挖掘了创造新产品和创新工艺对企业发展的重要作用，研究结果显示，这些创新活动对企业提升竞争力、拓展市场份额具有重要的推动作用。

关于建筑业技术创新的研究，国外学者分别从创新水平、创新模式和创新实践等方面展开了论述。Davis[43]等探究了一种建筑行业创新水平的评估方法，发现建筑业大多数在位企业为中小型企业，产业链上的各个组织都部分参与项目交付，这在一定程度上抑制了行业的技术创新。Sepasgozar[44]等通过对澳大利亚建筑业供应商和业主的深入访谈，发现随着建筑工业化程度的提高，现有的创新模式需要进一步发展，以应对日益增长的技术复杂性。Nymark[45]在对英国建筑业创新实践从业人员的访谈研究中，提出了建筑业数字化技术创新的三大愿景，一是提升建设效率，二是业主数据导向的建造环境，三是价值导向的计算机设计。

## 二、建筑业技术创新国内研究现状

张志盈、张瑶、黄佳祯[46]站在建筑企业的视角，采用网络层次法对建筑技术创新指标及其权重进行了深入探究，为建筑企业提供了增强创新能力的具体建议。刘红勇、陈逸奇和杨毅[47]专注于西南地区的特殊建设工程，探讨了技术创新在建筑业中的原理、影响和实践，揭示了技术创新在建筑业中的重要性。陈帆、谢洪涛[48]运用聚类分析法，针对不同区域提出相应对策，推动区域技术创新在建筑业中的应用。单英华、李忠富[49]强调了建筑业技术创新显著的经济外部性特征，尤其在新技术的应用方面，它们为社会带来了显著效益。韩增龙[50]发现市场失灵是阻碍建筑业技术创新的关键因素，并基于政策干预理论，深入分析了政府与建筑企业的博弈。

王涛、刘慧和郑俊巍[51]通过对PeterB Lewis Building的案例研究，探讨了BIM技术在工程创新中的关键作用。陈兴海、鲁文霞、赵兴祥[52]针对我国特级建筑企业在不同区域的科技创新效率进行了实证研究，指出部分地区存在投入冗余的问题，且发展不均衡。曾磊、张进、陈城[53]等发现多维度协同创新是推动建筑技术创新的关键。刘世婧[54]关注了BIM技术在建筑业中的影响与各利益相关者的关系，探索了政府在创新技术实施过程中应关注的路径和方向。陈晨[55]构建了一个基于虚拟集群的BIM技术平台，促进了建筑产业的集聚和发展。

王昭[56]运用数据包络分析法，评估了我国建筑企业技术创新的综合效率，指出其仍处于较低水平。陈奕林、尹贻林和钟炜[57]研究了BIM技术对建筑业管理创新的作用，发现组织支持和技能支持起到了积极推动作用，而环境支持的影响相对较小。郭攀[58]探讨了技术变革背景下建筑业的商业模式创新机理。郭慧锋、叶卫正[59]对建筑业产业技术创新战略联盟的组织模式和构成进行了深入研究，揭示了其系统结构。

陈奕林[60]探讨了如何推广BIM技术以及如何选择合适的创新支持路径，推动中国建筑业更好地应对技术变革以提高产业竞争力。张完定[61]等的研究表明，技术创新能促进企业绩效增长，但存在滞后性。谢宜章和杨帆[62]聚焦技术创新对企业绩效水平的影响，从分类视角探究研发投入强度对其作用情况。

## 三、建筑业技术创新的内涵

在当今激烈竞争的商业环境中，企业要想在市场中立于不败之地，就必须注重技术创新。技术创新不仅仅是企业发展的动力，更是引领行业变革的关键因素。行业的不断发展和变化使得创新不再是可有可无的选择，而是成为企业生存和壮大的必由之路。技术创新对企业而言，不仅意味着引入新的生产工艺、产品或服务，更是一种思维方式和组织文化的升级。企业需要不断思考如何运用先进技术解决实际问题，提高效率，降低成本，提升产品质量，满足不断变化的市场需求。只有通过不断创新，企业才能在市场竞争中立于不败之地。技术创新的重要性在于它能够打破传统行业的僵化格局，为企业带来新的增长点。通过引入先进技术，企业可以开发出更具竞争力的产品和服务，不断开拓新的市场空间，同时，技术创新还能够提升企业的生产效率，降低生产成本，从而提高盈利能力。

在全球化的背景下，技术创新也成为企业拓展国际市场的有力工具。拥有先进技术的企业更容易融入全球价值链，提高产品在国际市场上的竞争力。通过技术创新，企业可以适应不同国家和地区的市场需求，实现多元化、全球化发展战略。除了对企业自身的影响，技术创新也对整个社会有着深远影响，先进技术的引入推动了社会的科技进步，创造了更多的就业机会，促进了社会繁荣与发展。技术创新也是解决环境保护、能源危机等全球性问题的关键，通过创新技术的应用，可以找到可持续发展的路径。

在当今社会背景下，建筑企业要实现发展是具有一定挑战性的，建筑行业整体发展趋势较为缓慢。目前，传统的企业发展模式无法满足社会发展要求，对现如今竞争激烈的经济社会适应性较弱，优胜劣汰的生存法则在整个行业环境里表现得尤为明显。因而，就建筑企业整体发展而言，技术创新成为实现企业发展的主要路径。技术创新要求工程相关人员不断进行新技术的研发，并积极投入实际工程项目中，以确保及时进行技术的更新。建筑企业通过不断地进行技术创新，以提升工程建设效率和水平，增强自身核心竞争力。将新型技术应用于工程建设中，可以极大程度降低生产成本，以获得更高的利润，为企业的发展夯实经济基础。同时，在一定程度上能够推动行业的发展。因此，无论是从企业发展的角度，还是从行业整体的层面，技术创新都是一种不可或缺的推动力。企业应当树立创新意识，建立创新体系，不断加强研发投入，培养创新人才，以确保在激烈的市场竞争中始终保持领先地位。只有通过持续不断的技术创新，企业才能实现兴旺发达，长盛不衰。

那么技术创新的内涵又是什么呢？技术创新从字面意思上看是指一个从产生新产品或新工艺的设想到市场应用的完整过程，它包括新设想的产生、研究、开发、商业化生产到扩散这样一系列活动，本质上是一个科技、经济一体化过程，是技术进步与应用创新共同作用催生的产物，它包括技术开发和技术应用这两大环节。而结合工程建设谈技术创新，则给这个词增添了一些建筑特色。建筑业技术创新是指在建筑设计、施工、运营和管理等各个方面引入新的技术、方法、工艺或理念，以提高效率、降低成本、提升可持续性，并满足不断变化的市场需求。技术创新在建筑领域的实践涵盖了设计和规划创新、建筑材料与结构创新、施工技术和自动化创新、节能和自动化创新、数字化和信息技术创新等多个层面。

**（1）设计和规划创新**

在当今迅速变化的社会背景下，建筑设计和规章制度的创新成为推动城市发展和提升生活质量的不可或缺的要素。建筑设计不再仅仅是满足功能需求的艺术表达，而是逐渐演变为促使社会进步、适应环境变化的引领力量。与此同时，为适应新兴技术、可持续发展目标以及日益复杂的城市挑战，规章制度的创新也显得尤为重要。

建筑设计的创新不仅仅关乎外观和形式，更关注如何创造更具可持续性和人性化的空间。现代社会对建筑提出了更高的期望，要求其不仅能够满足基本功能，还应融入社区、促进可持续发展、提高居民生活质量。因此，建筑师不仅需要具备创造性的设计思维，还需要考虑到社会、环境和文化等多重因素，以实现更全面、多元化的设计目标。规章制度的创新是建筑设计创新的重要保障。过时的法规和制度可能成为创新的阻碍，因此，及时更新和调整规章制度以适应新兴技术和社会需求显得至关重要。现如今，智能建筑、绿色建筑等新技术的兴起，需要相应的法规和标准来引导和规范，以确保其安全性、可行性和可持续性。

建筑设计和规章制度的创新互相促进，共同推动城市空间的发展。创新的设计理念能够激发对规章制度的重新思考，而灵活、先进的规章制度则为建筑师提供更大的创作空间，这种相互影响的关系推动着建筑和城市规划向更加智慧、可持续、人性化的方向发展。

**（2）建筑材料和结构创新**

在建筑领域，材料和结构的创新一直都是推动设计、可持续性和功能性进步的核心要素。随着科学技术的不断发展和社会需求的不断演变，我们目睹了材料科学和结构工程领域涌现出许多引人瞩目的创新成果。这些创新不仅改变了建筑设计的面貌，还推动了对资源利用的重新思考和对环境可持续性的关注。

材料科学的进步为建筑带来了更多样化、更耐用和更环保的选择。从可再生资源到高性能复合材料，新材料的涌现使得建筑师能够更灵活地实现设计愿景，并将可持续性融入建筑中。这些材料不仅在强度和耐久性方面表现优异，还能够降低对有限资源的依赖，减少对环境的不利影响。同时，结构工程领域的创新也为建筑设计带来了更大的想象空间和技术支持。新型结构设计可以实现更大跨度的建筑、更轻巧的结构、更高效的支撑系统，从而赋予建筑更多的功能性和美学价值。例如，使用先进的数字建模和计算机仿真技术，结构工程师能够设计出更为复杂但又更高效的建筑结构，提高建筑的稳定性和安全性。

**（3）施工技术和自动化创新**

建筑施工技术的创新对于我国土木工程建筑事业的发展至关重要。近年来，我国建筑事业取得了显著进展，施工技术也有了长足的发展，但仍存在进步的空间。然而，在技术创新领域，施工技术创新道路仍然面临诸多挑战。纵观建筑行业的发展现状，我国的建筑相关施工技术进步速度暂时无法满足社会对建筑业发展的需求。然而，建筑施工技术的进步对提升相关行业内部企业的竞争能力具有一定成效，同时还能推动建筑企业自身经济收益的增长。传统的建筑行业模式对于我国工程建设事业发展需求的适应能力有所欠缺，同时建筑企业还需要面临不断加剧的竞争压力。建筑企业应该将施工技术的创新看作核心竞争优势，重视工程项目中技术创新的提升，以此来确保建筑业的持续发展。

随着经济快速发展，工程建设项目数量随之增加，从而促使工程建设规模逐步扩大，使得施工难度不断上升，对于工程建设过程中涉及的施工工艺也相应提高。因而，需要通过技术创新对新的施工技术进行研发，通过新的施工技术来提升施工效率、保障工程质量，以确保满足现代工程的施工需求。对过去的施工技术进行改进与创新不仅对保障工程建设项目的质量和行业可持续发展具有积极的影响，还能够提升建筑企业自身的经济效益与竞争能力。

施工技术的不断创新和自动化技术的应用正迅速改变着我们对建筑过程的理解和实践。在科技进步和工程方法革新的背景下，建筑施工已经从传统的手工操作转变为数字化、智能化和高度自动化的过程。自动化技术在施工中的应用为我们带来了许多前所未有的机遇和优势。无人机、机器人、3D打印、人工智能和物联网等技术的发展，使得建筑施工变得更加精准、高效和安全，这些技术不仅能够加速建筑进程，还能提高施工质量，并在一定程度上降低成本。施工技术和自动化创新也在推动着可持续性的发展，优化的施工流程和精确的资源利用有助于减少能源消耗和废弃物产生，同时促进了建筑行业向更环保、更可持续的方向发展。

**（4）节能和智能化创新**

在当前全球能源紧缺和环境问题日益突出的背景下，建筑业的节能和智能化创新显得尤为迫切和重要。建筑作为能源消耗的主要领域之一，其发展方向对于实现可持续发展目标至关重要。对建筑业在节能和智能化方面的创新进行深入研究，可以促进行业朝着更为绿色、高效和智能的方向发展。节能创新成为建筑业的当务之急。通过采用先进的建筑设计、能源管理系统和高效的建筑材料，我们能够显著降低建筑的能耗，减少对有限资源的依赖。智能化创新为建筑带来了更高水平的自动化和智能控制，提高了建筑的运营效率和用户体验。

随着信息技术的快速发展，建筑行业也在不断应用信息技术，以提升工程建设的效率和质量。近年来，信息技术与智能化技术逐步渗透到工程建设的各个环节中。例如，在施工阶段，通过数据化系统对机械设备的精细操作进行精准控制，能够提高施工技术操作的准确性和精细度，从而避免人为因素可能引发的质量问题。如今，整个行业正逐步迈向智能化发展，智能化技术在施工中的有效应用还能够实现机械设备的同步作业，方便统一管理。此外，一旦机械设备出现问题，智能化系统也能及时发现并中断机械设备的运行，以保障施工安全和工程质量。通过对建筑业节能和智能化创新的深入研究，有望为未来建筑的可持续性发展提供更为切实可行的解决方案。

#### （5）数字化和信息技术创新

在建筑行业，数字化和信息技术的崛起正带来革命性的变革。这些创新不仅改变着建筑设计与施工的方式，也重新定义了我们对建筑的理解和实践。从虚拟现实和增强现实到建筑信息模型（BIM）、云计算和物联网，技术的进步正在成为建筑领域发展的推动力。

数字化和信息技术的应用正在重塑建筑流程的方方面面。通过BIM技术，项目相关人员可以在一个统一的平台上协同工作，实现信息的实时共享和协调，从而提高设计的精确性、施工的效率和项目的可持续性。智能建筑系统的兴起也成为建筑业数字化的焦点。从智能家居到智能城市，建筑物正在变得更加互联、智能和可持续，传感器、自动化控制系统和数据分析的应用使得建筑可以更好地适应环境、优化能源利用，并提供更舒适、安全的生活和工作环境。

在建筑业技术创新的不断推动下，我们见证了一个行业的深刻变革和进步。数字化、自动化、智能化等技术的广泛应用已经改变了建筑设计、施工和管理的方方面面，为我们创造了更智能、更高效、更可持续的建筑环境。技术创新为建筑带来了卓越的设计和施工能力。建筑师和设计师可以利用先进的工具和软件进行模拟、分析和优化，从而实现更精确、更创新的设计。施工团队则通过自动化和数字化的手段提高了工作效率和安全性，为项目的成功实施提供了有力支持。与此同时，智能建筑系统的兴起使得建筑变得更加智能和可持续。从能源管理到智能安防，建筑物通过感知、学习和响应，提供了更符合人们需求的生活和工作环境。这不仅提升了建筑的功能性，还促进了对能源利用和环境影响更深层次的思考。然而，技术创新也带来了一系列挑战和考验。随之而来的安全和隐私问题、技术应用的成本和可持续性等问题都需要我们不断寻找解决方案。同时，行业从业者需要不断学习和适应新技术，以确保能够充分发挥技术的潜力。

# 第三节　建筑业产能国内外研究现状及内涵

## 一、建筑业产能国外研究现状

国外学者对产能的研究主要包括以下四类：经验产能、工程产能、经济产能、技术产能。经验产能是指通过对产能的认识，对可操作性的产能定义有“独特”的见解，因此在调查企业或行业的产能利用数据时，会依据自己的管理经验进行分析。工程产能是指企业设备完全运转情况下的最大可能产出，因此没有考虑到设备的保养和维修时间。经济产能是指企业生产达到成本最小化或利润最大化时的“最经济”的产出水平。Cassels[63]将企业长期成本曲线最低点看作是企业生产成本的最小化点，因此，他们认为该点对应的产出水平是产能水平。技术产能则是指企业在生产过程中投入的生产要素被充分利用时对应的生产能力。Klein[64]等假定短期内工厂和设备等固定生产要素是固定不变的，产能产出是在考虑了休假和正常维修的情况下，充分利用这些固定生产要素可能达到的最大产出水平。

日本的建筑业面临着从业人员数量减少和老龄化的问题。自1997年以来，日本的建筑从业人数持续下滑，至2017年已降至高峰期的60%。同时，29岁以下的建筑从业人员占比大幅下降，而55岁以上的建筑从业人员占比则显著上升。这一趋势导致建筑业的人员产能向龙头公司集中。为了应对劳动力减少的问题，日本的建筑龙头企业更倾向于与劳务公司建立长期合作关系，这样既能确保建筑工人的收入稳定，又能保证大建筑公司的施工能力并降低招工成本。

## 二、建筑业产能国内研究现状

我国对产能的研究主要集中在近十年。根据涉及范围的不同，产能可以分为微观产能、中观产能和宏观产能三个层面。在微观层面上，产能涉及单个企业的生产能力，它是指企业在给定的技术与组织条件下，充分利用所有生产要素所能达到的最大产出量。在中观层面上，产能涉及整个行业的能力，它是指某一行业在给定的技术和组织条件下，通过平衡和组合行业内部的所有生产性固定资本所能处理的原材料数量，或者在生产性固定资本与原材料共同作用下所能生产的特定种类和质量的产品的最大数量。在宏观层面上，产能涉及整个国家或整个国民经济体的能力，它是指在一定的技术、偏好及制度设计条件下，当各类生产资源，如资本、劳动力等，得到充分有效的利用时，整个国家或整个国民经济体所能达到的最大产出。

建筑业是一个产业关联性强、涉及范围广泛的行业，它不仅可以推动钢铁、水泥、平板玻璃等上游行业的发展，还对下游房地产业产生直接影响。在过去的建筑业研究中，需求一直是研究的重点，而产能问题却很少被提及，往往默认建筑企业的产能是无限的。然而，随着2018年“去杠杆”政策的实施，建筑企业的资金产能弹性开始逐渐消失。从中长期角度来看，随着人口红利的消失，建筑企业的人员产能弹性也将逐渐消失。这一变化将导致建筑企业的需求端加速向仍具备产能弹性的企业集中，成为未来行业格局变化的核心力量。

作为传统的劳动密集型产业，建筑业提供了大量的就业机会，吸纳了大量农村剩余劳动力。2020年，建筑业的就业人员数量已经达到5366.92万人，占全社会就业人员的比重为7.15%。同年，建筑业总产值达到263947.04亿元，在20年内增长了近20倍。然而，随着人口年龄结构的变化，我国的建筑劳务人员数量将快速减少，人员产能将成为未来建筑行业的另一个主要制约因素。只有当需求改善时，拥有人员产能的建筑企业才能够迅速扩张，进而占据更多的市场份额和获得更多的利润。

## 三、建筑业产能的内涵

在当今经济发展中，建筑业作为一个重要的支柱产业，对于促进城市化进程、提高人民生活水平以及推动经济增长发挥着至关重要的作用。建筑业产能的内涵不仅关乎着建筑行业自身的发展，也直接影响着整个国民经济的发展水平。分析产能问题的一个首要和关键问题是关于产能的界定。建筑产能是指在一定时间内，建筑业所能够生产的建筑产品和服务的总量，它包括了建筑物的建造、修缮、改建等方面的能力。具体来说，建筑产能的内涵涵盖物质生产能力、技术创新能力、人力资源能力、管理水平和组织能力、市场需求和供给等方面。

物质生产能力指的是建筑行业在一定时期内所能生产的各类建筑物的数量和质量，包括住宅、商业建筑、工业建筑、基础设施等各类建筑物的建造能力。物质生产能力直接反映了建筑行业在满足市场需求方面的水平。

技术创新能力是指建筑行业采用新技术、新材料、新工艺等方面的能力。技术创新能力决定了建筑行业的生产效率、产品质量和市场竞争力。强大的技术创新能力可以提高建筑产能，并推动建筑行业向着智能化、绿色化、可持续发展方向迈进。

人力资源能力指的是建筑行业所拥有的各类从业人员的数量和素质。人力资源是建筑产能的重要组成部分，决定了建筑行业的生产能力和水平。高素质、高技能的从业人员可以提高建筑行业的生产效率和产品质量。

管理水平和组织能力是指建筑行业管理者和企业的组织协调能力、项目管理能力以及供应链管理能力等方面的水平。良好的管理水平和组织能力可以提高建筑产能的发挥，确保项目按时、保质、保量完成。

建筑产能还受到市场需求和供给关系的影响，市场需求的增长会刺激建筑产能的提升，而市场供给过剩则可能导致建筑产能的下降。

综上所述，建筑产能的内涵包括物质生产能力、技术创新能力、人力资源能力、管理水平和组织能力以及市场需求和供给等方面。建筑产能的提升需要建筑行业在技术、人才、管理等方面不断创新和提高，以适应市场需求的变化，推动建筑行业的发展。

## 本章小结

本章综合了国内外研究成果，可以发现：建筑业转型发展应实现从低技能的劳动密集型行业向知识型行业转变，这就要求其在信息化、智能化、低能耗等方面突破自身发展瓶颈，优化产业结构，提高自身竞争力；技术创新对推动产业智能化、绿色环保可持续发展具有有效的驱动作用，同时，本章还界定了建筑业转型、技术创新和产能的概念和内涵。

# 第二章　建筑业转型与技术创新现实分析

## 第一节　建筑业技术创新的现状和作用

发展是人类社会的永恒主题。建筑业在国民经济中占据着重要而不可或缺的地位，其在经济体系中的作用不仅仅体现在创造就业机会和提供基础设施上，还涉及国家和地区的经济增长、城市化进程、环境可持续性等多个方面。

新时代、新征程，国家的发展方向正朝着绿色、低碳方向进行，关系国民经济的建筑业也应该响应政策，将可持续发展理念融入工程建设中，提升中国建筑的绿色含量，推动行业绿色低碳转型。推广绿色建筑、降低建筑能耗，对于我国实现碳达峰、碳中和目标具有重要意义。而能够推动建筑行业顺利转型的关键因素之一就是技术应用，因此，建筑行业技术创新是亟待解决的问题。

在建筑行业发展中，技术应用是影响施工质量的重要因素，工程管理人员必须对技术创新的重要性和应用进行全面分析，以有效提升工程质量。在信息化不断发展的今天，建筑行业各种新兴技术的应用，促进了建筑企业的良性发展，同时也提高了我国建筑工程行业的整体施工水平。由此可见，对建筑行业现有技术进行不断创新的举措便显得尤为重要。

社会的快速发展，带来的是社会对工程施工质量和效率的要求逐步提升。技术创新在工程建设过程中扮演着至关重要的角色，其影响不仅体现在企业经济效益上，更体现在提高工程建设效率、保障工程项目质量和降低工程安全事故的发生等方面。建筑工程的施工规模和难度持续攀升，这对工程技术管理人员提出了更高的要求。在这个背景下，积极参与技术创新和实践工作成为工程技术管理的当务之急。只有通过不断创新，才能全面提升工程质量，有效规避工程建设中可能出现的不合规问题。同时，复杂性是工程建设的特性之一，在工程建设中会有不同专业的工作同时进行或交叉作业，而技术创新成为推动工程项目有效实施的关键因素。通过采用先进的技术工艺，可以更好地应对工程建设中的复杂挑战，提高整体效率，满足现代社会对工程建设的需求。

因此，技术创新和实践不仅是为企业谋取经济利益的手段，更是确保工程建设持续健康发展、提高整体竞争力的重要途径。在这个不断演进的背景下，工程技术管理人员需要不断追求创新，以适应并引领工程建设领域的发展潮流。

### （一）建筑业技术创新的现状

在建筑业领域，技术创新作为推动行业发展的关键驱动力，在过去几年里取得了显著的进展，传统建筑材料和建设方法逐渐被更先进、更高效的新兴技术所替代。

首先，在信息时代，建筑业开始广泛应用建筑信息模型（BIM）、虚拟现实（VR）和增强现实（AR）等数字化技术，在一定程度上已经改变了设计、施工和维护的方式，这不仅提高了项目的效率，还降低了成本，并且有助于更好地管理建筑生命周期。

其次，在全球气候变暖、国家强调绿色发展的背景下，可持续建筑和绿色技术的兴起也变成了建筑业技术创新的一个显著特点。为了应对气候变化和资源有限性的挑战，贯彻新发展理念，建筑行业正致力于采用更环保的材料、更高的能源效率技术以及智能化的能源管理系统，并广泛应用太阳能、风能等可再生能源，以此实现建筑业向可持续发展方向转型。

最后，智能建筑技术的发展也不可忽视。物联网等数字技术的引入使得建筑中的设备和系统能够实现互联互通，提高了建筑的智能化水平，通过运用物联网智能感知、自动控制、远程监控等功能，使得建筑能够更好地适应用户需求，提供更加舒适、安全、便捷的使用体验。

然而，尽管建筑业技术创新取得了显著的进展，但挑战仍然存在。例如，新技术的推广和普及需要时间，而行业内部的传统观念和习惯也可能成为创新的障碍。因此，如何更好地促进建筑业技术创新的落地和推广，仍然是一个值得深入研究的问题。

总体上，建筑业技术创新已经成为推动行业发展的强大引擎，通过不断引入新技术、改变传统方式，建筑业正在朝着更加智能、可持续和高效的方向迈进，这为未来建筑的设计、施工和运营带来了无限可能，也为社会创造了更为宜居、可持续的建筑环境。

### （二）建筑业技术创新的作用

#### （1）提高效率与降低成本

在建筑领域，技术创新为提高效率和降低成本带来了巨大的变革。自动化和数字化成为推动建设过程的关键力量，对设计和施工阶段都产生了深远的影响。

首先，自动化在设计过程中的应用使得设计工作更为高效和准确。先进的设计工具，如建筑信息模型（BIM），允许设计师以数字化的方式建模和分析建筑结构。这不仅使得设计更具可视化和互动性，还能够在设计初期识别潜在问题，从而减少后期修正。此外，算法设计和生成设计等智能化技术的引入，使得设计可以更迅速地适应不同的需求和约束条件，为建筑的定制化提供了更大的空间。

其次，在施工阶段，数字化技术的应用同样发挥着关键作用。先进的施工管理软件可以实现对工程进度、材料和人力资源的精准监控和调配。通过使用建筑机器人和自动化设备，一些繁琐和劳动密集的任务可以被自动完成，减轻了工人的负担，提高了施工效率。此外，智能传感器和监控系统的部署使得施工现场更安全，减少了事故的风险，降低了相关的保险和维修成本。这种自动化和数字化的转变进一步缩短了工期，提高了整体生产力。通过减少人力投入和提高工作效率，建筑项目的成本得到有效的控制。这对于建筑行业而言，意味着更具竞争力的价格和更有吸引力的投资回报率。

总的来说，自动化和数字化正在成为建筑行业提高效率和降低成本的强大引擎。这种变革不仅使得设计更具创造性和可持续性，同时也使得建筑过程更加精细和可控，为行业的可持续发展开辟了更为广阔的前景。

#### （2）改善建筑质量

在建筑领域，技术的不断进步为提升建筑质量带来了革命性的变革。

先进的建筑设计工具和材料科技共同作用，为建筑结构的设计和建造提供了更为科学和可靠的手段，从而大幅度改善了建筑质量。

首先，先进的建筑设计工具，特别是BIM等数字化设计技术，为建筑师和工程师提供了更全面、精确的设计能力。通过BIM，设计人员能够在虚拟环境中模拟和分析建筑结构的各个方面，包括材料的选用、结构的稳定性、空间的布局等。这种全面性的设计分析有助于在设计阶段发现潜在的问题，提前解决可能影响建筑质量的因素。

其次，材料科技的进步为建筑提供了更先进、更稳定的建筑材料。新型材料的研发使得建筑结构更加轻巧却更强韧，能够更好地应对自然灾害和其他外部压力。例如，高强度的混凝土、先进的隔热材料等都能够提高建筑的结构稳定性和耐久性，从而提高整体的建筑质量。在施工阶段，数字化建造和智能化系统的应用进一步改善了建筑质量。数字化建造通过计算机控制和先进的机械装置，提高了施工的精度和效率，减少了人为误差。智能化系统，如智能监测设备和自动调控系统，能够实时监测建筑结构的变化和运行状态，及时发现潜在问题并进行调整，从而确保建筑的稳定性和安全性。

综合而言，先进的建筑设计工具和材料科技，结合数字化建造和智能化系统的运用，共同推动了建筑质量的提升。这不仅增强了建筑结构的稳固性，也提高了整体的建筑性能和寿命，为建筑行业迈向更可持续、更安全的未来奠定了坚实的基础。

**（3）促进可持续发展**

技术创新在建筑业可持续发展中扮演着至关重要的角色，通过引入绿色建筑技术和可再生能源的应用，有效减轻了建筑对环境的负担，同时助力实现低碳和环保的建筑目标。

在绿色建筑技术方面，建筑材料的创新、能效设计以及废物的处理与再利用等方面都在不断取得进展。采用可持续材料和资源，如再生木材、可回收金属等，这些资源的再利用，有助于减少对自然资源的过度开发，提高资源利用率。同时，能源效率的设计和使用，如智能隔热系统、节能灯具等，有助于减少建筑的能耗，进而降低对非可再生能源的需求。另一方面，智能建筑技术的快速发展也为建筑环境的智能化和安全性带来了显著的改善。引入智能安防系统，如智能监控、入侵检测和紧急响应系统等，有助于提高建筑的整体安全性。智能能源管理系统通过实时监测和优化能源使用，不仅提升了能源利用效率，还为用户提供了更加智能、舒适的生活环境。

这些创新技术的应用，不仅使建筑业更加符合可持续发展的理念，也满足了用户对于智能生活的日益增长的需求。通过技术创新，建筑行业正朝着更加环保、智能、安全的方向不断发展，为未来建筑的可持续性作出积极贡献。

### （4）实现建筑与城市智能互联

数字技术在建筑领域的应用为建筑与智能城市的深度融合提供了丰富的可能性。通过互联网和先进的传感器技术，建筑可以实现更智能化的管理，与城市的各种基础设施和系统实现无缝互动。

首先，数字技术使得建筑能够实时监测和收集能源消耗、空气质量、温度、湿度等各种数据，这些数据可以通过云计算和大数据分析进行处理，为建筑管理者提供深入的洞察，帮助他们做出更明智的决策。比如，根据实时数据调整能源系统，优化供暖和冷却效果，减少能源浪费，提高产能。

其次，建筑与城市的其他基础设施可以实现紧密协同。智能建筑可以与交通系统互联，通过实时交通数据调整楼宇的运行模式，以更好地适应交通高峰期。此外，建筑的能源系统也可以与城市的能源网络协同工作，实现能源的高效利用和共享，从而降低整体的能源消耗。智能建筑的数字技术还有助于提升居民生活质量。通过智能家居系统，居民可以实现对住宅环境的个性化控制，包括照明、温度、安全系统等。居民可以通过手机应用程序或其他智能设备随时随地监控和控制他们的住宅，提高生活的便利性和舒适度。

总体而言，数字技术的广泛应用使得建筑不再是孤立存在的实体，而是与智能城市的各个方面相互连接的。这种智能互联为城市提供了更高效的运行、更可持续的资源利用以及更舒适宜居的生活环境。

### （5）提高安全管理水平

数字技术在建筑领域的安全管理方面扮演着不可或缺的角色。引入智能安防系统、监控摄像头、无人机等先进技术，不仅提高了对工地和建筑物的实时监控水平，还极大地强化了对潜在风险的识别和应对能力。

首先，智能安防系统的部署使得建筑和工地能够实现全天候的监测。高清摄像头和先进的传感器网络可以捕捉各种活动和异常情况，如未经授权的进入、异常温度变化、火警等。这不仅有助于实时响应紧急情况，还能提高对潜在威胁的感知能力。监控摄像头的应用进一步强化了对建筑安全的监管。这些摄像头不仅可以用于实时监控，还可以通过图像识别和人工智能技术识别出异常行为，如盗窃、破坏等。这种实时智能监控系统大大提高了对安全事件的敏感性，使得迅速采取行动成为可能。无人机技术的引入为建筑安全带来了新的维度。通过无人机巡视，可以在高空迅速全面地检查建筑结构、工地情况和周边环境。这种高效的巡检方式不仅提高了安全管理的覆盖范围，还能够在风险出现前就进行预警和干预。另外，数据分析和预测性维护的运用使得安全管理更加具有前瞻性。通过对大量实时数据的分析，系统可以识别出可能的安全风险并提前采取措施进行干预。这有助于降低事故发生的概率，提高建筑和工程项目的整体安全水平。

综合而言，数字技术的广泛应用使得建筑安全管理更加全面、智能化。这种前沿技术的引入不仅提高了对潜在风险的感知和处理速度，也为建筑行业的安全发展注入了新的活力。

## 第二节　建筑业的发展历史和现状

我国建筑业作为国民经济的重要支柱之一，扮演着促进经济快速增长、促进社会进步的关键角色，它在保障国家整体经济和社会的稳健、长期发展中具有重要地位。特别是在当前特定的经济发展阶段，建筑业不可忽视地成为我国社会进步的关键领域之一，其职责包括对国家固定资产结构进行调整，推动人民经济财富的提升。建筑业的发展已经深入到社会经济、能源和环境等多个领域。首先，在环境优化方面，建筑业在建设过程中的施工工法和材料选择等方面，对我国生态环境的优化发挥着重要作用。其次，在不同地域的经济发展方面，建筑业的进步与城市化进程密切相关，共同推动了城市化的快速发展。此外，建筑业对人力资源的需求也不容忽视，它成功地将许多农村剩余劳动力转化为城市劳动力，解决了农民工就业难题，减轻了城市就业压力。

综上所述，建筑业在实现我国社会资源节约型、环境友好型发展，改变城市和乡镇的二元社会结构以及吸收农村剩余劳动力等方面发挥着关键作用，其持续健康的发展将为我国经济社会的全面进步做出更为宝贵的贡献。

建筑业一直以来都是人类文明的重要组成部分，不仅为人们提供居住和工作的空间，更是文化、宗教、社会和经济发展的象征。建筑业是一个历史悠久的生产部门，比其他工业部门兴起都早。它萌芽于原始社会，“构木为巢”可算是建筑活动的开始。因此，建筑业是人类最古老的生产活动之一。从封建社会开始，建筑业的发展，大体经历了以下几个时期。

### （一）封建社会时期的个体手工业劳动

封建社会里的建筑活动主要有以下两种类型。

一是民间性的建筑活动。主要是为自身居住进行简单的劳作，一些工匠农忙务农，农闲做工，由互相帮工，发展成为“点工”，计日取酬。到明末清初，资本主义萌芽时期的“水木作坊”，已具有行会性。这种行会性组织开始划分各自的区域，统一业务范围，制订“业规”“帮规”。在行会内部推举有声望、手艺高的师傅为“行头”或“行老”，谁招工建房，得通过他们推荐。

二是官府性的建筑活动。以修城郭、建宫殿为代表，由于大兴土木，规模巨大，也促进了建筑业的发展。一些代表中华民族风格的建筑群和建筑体系，成为世界建筑的瑰宝。

### （二）半殖民地半封建社会时期的建筑业

随着大中城市、商业、工厂、铁路的兴起和发展，对建筑样式、规模及施工方式等都提出更高的要求，原来的工匠、行会性的水木作坊已不能适应需要，进而要求大批专门技术工人进行合作。于是资本主义营造商取代了行会式的水木作坊，建筑业逐渐形成。在这个时期，营造业的发展以上海为先。

### （三）20世纪建筑业的演变

1949年后，国家重视经济建设，各项相关工作逐步开展。建筑业也在这个大环境里蓬勃发展起来，国有施工企业逐步成为我国建筑业的中坚力量。党的十一届三中全会以后，全党的工作重点转移到社会主义现代化建设上来，建筑业同其他行业一样，形势一天天变好。经过企业整顿，推行各种经济责任制，积极地、有步骤地进行经济管理体制的改革，建筑业打开了新局面。1984年，中央决定城市的改革首先从建筑业开始，同年颁布《关于改革建筑业和基本建设管理机制若干问题的暂行规定》，标志着建筑业改革的全面启动和基本建设管理机制的重大转变。企业承包经营制全面推行，实行厂长经理负责制，推行工程招标承包制，此期间的组织模式仍以指挥部为主、政府主导，葛洲坝水电站、京秦铁路复线、青藏铁路等一大批大型现代化工程项目得以实施。

1984年以前中国建筑业仍处于探索阶段，与建筑业相关的法律法规仍有所欠缺，但随着“鲁布革水电站经验”的推广和冲击，以招投标为突破口，国家引入竞争机制，并以“管理层和劳务层分离”为标志，全面推行“项目法”，开启了我国建筑业生产方式和建设工程管理体制的深层次改革。1998年3月《中华人民共和国建筑法》正式实施，《中华人民共和国招投标法》《建设工程监理规范》等一批法律法规、规范相继颁布，建筑市场走向规范化、法制化轨道，“法人管项目”理念得到推广。这种理念主要体现为“三集中”，即资金集中管理、大宗材料集中采购、劳务集中招标，通过实施法人管项目最终实现企业管理体系的精细化发展。此阶段工程总承包模式在化工行业开始探索，并在全国逐渐发展，但总体上以施工总承包为主，项目的立项、设计、施工、运维各成体系，呈专业化发展。此阶段建筑产业产值保持快速发展，市场竞争使成本理念、履约意识得到极大加强，但项目管理模式较单一，项目管理粗放，管理水平较低。本阶段的典型工程为三峡大坝、京九铁路、高铁建设等。

### （四）建筑业的高质量发展阶段

党的十八大以来，我国经济已由高速增长阶段转向高质量发展阶段。

要想实现高质量发展，不能仅仅从经济系统着眼和发力，必须坚持系统观念，以更高站位、更宽视野、更大力度谋划发展。比如，要实现创新成为第一动力的发展，就要深刻认识科技是第一生产力、第一竞争力，深入把握科技对经济发展的重大促进作用，不断增强自主创新能力，加强企业主导的产学研深度融合，深入实施创新驱动发展战略。又如，要实现绿色成为普遍形态的发展，就要把经济系统与自然生态系统统筹起来系统谋划，牢固树立绿水青山就是金山银山理念，站在人与自然和谐共生的高度谋划发展，协同推进经济高质量发展和生态环境高水平保护。

推动高质量发展是新时代、新征程发展思路确定、经济政策制定、宏观调控实施的根本要求。目前，建筑业已成为我国市场化程度最高的行业之一，它的发展既关乎国家的发展战略，也关乎公众的利益。它不仅在整个国家经济的发展中占据着重要地位，还切实影响着人们的生活。然而，建筑业的快速发展对各种资源消耗和环境质量等问题产生了很大的影响。因此，建筑业的高质量发展已成为现代社会关注的焦点之一。国际上，美国在 2011 年发布了《建筑能效促进法》，旨在提高建筑能效、实现低碳环保。其他国家也相继发布了相关政策，如德国的《能效法》和英国的《绿色建筑计划》。经过一系列探索和实践，国外在建筑业的可持续发展、环境保护和城市化进程推进等方面有了相对成熟的经验，这对中国建筑业高质量发展的实践具有一定的借鉴作用。

政府制定的政策法规对于建筑业高质量发展具有重要的支撑作用。近年来，建筑业高质量发展得到我国政府的高度关注和支持。在此背景下，政府先后出台了建筑业“十三五”规划以及“十四五”规划等，明确了建筑业高质量发展的目标和重点领域。同时，政府还出台了一系列扶持政策，如鼓励民间资本参与城市更新、提高节能环保标准等，旨在通过政策支持，推动建筑业高质量发展。

产业升级是推进建筑业高质量发展的内在动力。随着技术的发展、市场竞争的加剧，传统的建筑业已经难以满足人们对于环境、节能、舒适度等方面的需求，产业升级的呼声越来越高。当前，建筑业的产业升级主要包括三方面：一是借助科技手段不断提高建筑能效和节能水平；二是引入绿色建筑概念，推进建筑生态化、可持续化；三是发展智能化建筑，提高建筑安全性和舒适度。这些方面的发展，不仅能够提高建筑质量和效益，也能够推进建筑业向更加环保绿色、智能化的方向发展，逐步实现产业升级。

建筑业的劳动力素质直接关系到建筑质量的高低。随着国家高等教育、职业教育的不断发展，城乡居民的教育程度逐渐提高，建筑业从业人员的素质得到了提升。这不仅能够为建筑业的高质量发展提供更有才华的人才，还能够缓解人力短缺、技能不足等问题，进一步提高建筑业整体水平。科技创新是建筑业高质量发展的重要引擎。在技术创新的推动下，建筑业不断涌现出新的材料、新的设计理念、新的施工技术等，为建筑业高质量发展提供了支撑和保障。例如，针对传统建筑的能耗问题，科技创新推出了太阳能、地源热泵等节能技术，大幅降低了建筑能耗；智能化技术的应用也为建筑安全和舒适度的提升提供了有力支撑。可以预见，在未来，建筑业高质量发展必将依靠科技创新的引领和支撑。

## 第三节　建筑业转型的必要性

### （一）社会发展与可持续性的需求

随着社会的不断发展和进步，人们对于生活品质、环境质量以及资源利用的关切逐渐升温。在这个背景下，可持续性发展成为引领社会发展的重要理念，而建筑业，作为一个直接关系到人们居住、工作和生活的关键产业，自然成为可持续性发展的关键领域之一。社会发展与可持续性的需求推动着建筑业转型，这一转变不仅关乎建筑行业自身的可持续性，更直接影响社会的整体可持续发展。因此，社会发展与可持续性的需求对建筑业提出了更高的要求，主要体现在资源利用效率、能源消耗和碳排放、社会健康和安全、社会责任感等方面。

#### （1）资源利用率

资源利用率是建筑业转型的关键驱动因素之一，涉及对自然资源、能源和材料的有效管理和利用，而在当前社会对可持续性需求不断上升的背景下，提高资源利用效率成为建筑业转型的迫切要求。众所周知，地球上的自然资源是有限的，包括水、土壤、能源等，而建筑业过去往往以大量耗能的方式存在，资源的有限性成为建筑业不可忽视的挑战。

从建筑企业的角度而言，在新时代，社会对可持续性发展的需求不断上升，为了贯彻可持续发展理念，建筑业可以采用更先进的技术与设计理念，以更加高效且可持续的方式利用资源，减少对非可再生能源的依赖，降低温室气体排放，减少对环境的影响，从而实现绿色和可持续发展。20世纪60年代，美国经济学家波尔丁提出了循环经济理论，而这一理论恰恰可以应用于建筑业提高资源利用率中，通过优化设计、建筑材料的选择和施工过程，使得建筑物在使用寿命结束后更容易被拆除、回收和再利用，这种方式有助于减少建筑废弃物的数量，大大降低对原生资源的需求，从而实现可持续发展。

从政府层面而言，许多国家和地区已经制定了一系列的环保法规和建筑标准，要求建筑业在设计、建造和运营过程中遵循更加环保和可持续的原则，这些法规和标准的实施迫使建筑业不得不调整其方式，更注重资源的有效利用。

从市场和消费者需求层面来看，随着可持续发展理念的普及，市场对环保建筑和可持续设计的需求不断增加，消费者对建筑的环保性能逐步重视，企业通过提供能源效率高、碳排放低的建筑产品和服务，可以在市场上获得竞争优势。因此，在市场竞争中，建筑企业为了满足消费者的需求并提高企业自身竞争力以适应市场需求，不得不加速转型，提高资源利用率。

总体来说，资源利用率的提高是建筑业转型的内在需求和外部压力的反映，通过采用新技术、创新设计和更严格的标准，建筑业可以更有效地利用资源，实现可持续发展，同时满足社会对绿色、环保建筑的需求。

**（2）能源消耗和碳排放**

能源消耗和碳排放是建筑业转型的重要动力。建筑业是全球能源消耗和碳排放的主要领域之一，建筑企业在工程建设过程中大量使用石油、天然气等非可再生能源，对能源的高度依赖导致了大量的能源消耗和温室气体的排放，加剧了气候变化，从而促使极端天气事件频发。因此，在温室气体排放、能源消耗的控制过程中，建筑业被认为是关键领域之一。

习近平总书记曾在《浙江日报》刊发的《绿水青山也是金山银山》中指出“我们追求人与自然的和谐，经济与社会的和谐，通俗地讲，就是既要绿水青山，又要金山银山。”“绿水青山就是金山银山”这一理念的提出使得人们对自然生态的保护更加重视，整个社会更加强调绿色发展，对各行各业的发展有了更高的要求，在建筑行业表现为要求建筑业朝着低碳、高效能源的方向发展。社会对低碳和零碳建筑的需求逐步增加，促使建筑业采用更环保的能源，优化建筑设计和施工工艺。建筑业可以通过采用高效隔热材料、智能照明系统和太阳能技术等先进的节能技术、智能建筑管理系统和可再生能源，显著提高能源效率，减少建筑能源消耗以及对传统能源的依赖，进而推动建筑业向更加可持续的方向发展。

2020年9月22日，习近平主席在第七十五届联合国大会一般性辩论上郑重宣示："中国将提高国家自主贡献力度，采取更加有力的政策和措施，二氧化碳排放力争于2030年前达到峰值，努力争取2060年前实现碳中和。"2021年5月26日，碳达峰碳中和工作领导小组第一次全体会议在北京召开。2021年9月22日，中共中央、国务院发布《关于完整准确全面贯彻新发展理念做好碳达峰碳中和工作的意见》。2022年10月16日，党的二十大报告中就"积极稳妥推进碳达峰碳中和"做出规划。建筑业的转型由国家牵头，下发各项法律法规指明行业发展方向，要求建筑业降低能源消耗和碳排放。这些法规从建筑能效标准、碳排放配额和环保建筑认证等层面进行整改。企业为了遵循这些法规，不仅需要优化现有建筑的能效，还需要在新建筑项目中采用更环保的设计和技术。正是因为这些政策的引导，推动了建筑业向清洁低碳转型。

综合来看，能源消耗和碳排放问题不仅是建筑业面临的重要挑战，也是推动建筑业转型的重要推动力。通过减少能源消耗、提高能源效率和采用低碳技术，建筑业能够更好地适应未来的可持续发展需求。

**（3）社会健康和安全**

社会健康与安全也是建筑业转型的关键因素之一，建筑业是一个需要大量人力的行业，在工程建设过程中涉及高空作业、机械操作等复杂且高危的施工活动，这些施工活动存在施工安全风险，若在施工过程中存在操作不当的行为，则易导致意外事故的发生，不仅对施工人员的生命安全构成威胁，也可能导致周围社区产生不安和恐慌的现象，因此确保建筑工地上的人员安全至关重要。而采用先进的安全设备和技术，对施工人员提供必要的培训和教育，是减少施工安全事故和职业病发生的有效途径。

建筑物自身的安全性和可靠性一直以来都是社会所重视的，要求建筑物在设计和施工阶段使用防火材料、智能安全系统等先进技术，并对防火、抗震、排烟等方面的安全性进行充分考虑，从而提高建筑的紧急疏散效率，减少事故发生时的损失，有助于确保建筑物在不同条件下都能保持安全。

近年来，由于经济快速发展，人们对自身的生活质量有了更高的追求，建筑物作为我们学习、工作以及居住的场所，与我们的生活息息相关。人们能够自主选择的就是自己的居住环境，因而，对生活质量的更高追求使得人们对居住环境的要求不再仅仅停留在基本的安全性和实用性上，对居住环境的健康性需求也逐渐强烈。因此，这一现状促使建筑业的转型需要将室内空气质量、采光、声学等影响居住环境健康的因素纳入考虑范围，通过使用绿色建筑材料、引入自然通风系统、设计舒适的工作和居住空间等方式，提升室内环境质量，减少有害物质的排放，提高建筑的生态友好性，为居住者创造更为健康的居住环境，促进社会的整体健康。

在综合考虑上述因素的情况下，建筑业在社会健康与安全方面的转型不仅是对自身发展的必然要求，也是对社会可持续发展的一种积极响应。通过注重人员安全、建筑物使用安全、室内环境质量等方面的问题，建筑业可以更好地满足社会对于安全与健康的期望，提高整个行业的水平。

总体而言，社会发展与可持续性的需求促使建筑业进行转型，推动其朝着更加环保、高效、智能和人性化的方向发展。这种转型不仅符合时代的潮流，更能够满足人们对美好生活和可持续发展的追求。建筑业在转型的过程中，不仅能够更好地满足社会的需求，还能够为社会可持续的实现贡献力量。因此，建筑业的转型是一项紧迫而必要的任务，也是对社会发展与可持续性需求的积极回应。

**（4）产能提升**

在当前社会经济发展的背景下，建筑业作为一个关键的基础产业，面临着巨大的发展机遇和挑战，为了适应市场的快速变化、提高效益、应对新技术的涌现以及实现可持续发展，产能提升成为建筑业转型的必要性之一。

建筑业一直是国民经济的支柱产业之一，但随着社会不断发展，市场需求不断变化，传统的建筑业面临着效益提升、技术创新和可持续发展的巨大压力。在这个背景下，通过产能提升，建筑企业可以更好地适应市场需求的变化，提高生产效率，降低成本，实现从量变到质变的跨越。产能提升不仅仅是规模的扩大，更是技术、管理和创新的全面升级。通过引入先进的建筑技术、数字化管理系统、智能化设备等手段，企业能够提高生产力、优化资源配置，实现更高水平的质量和效益。

### （二）经济竞争力与市场需求

建筑业作为一个关键的经济领域，与民生的紧密关系使其成为社会发展中不可或缺的一部分。在全球范围内，建筑业扮演着至关重要的角色，其发展受到多方面因素的复杂影响。这个多元化和复杂的行业在现代社会中扮演着多重角色，涵盖了住宅、商业、基础设施等多个领域。

当今，经济竞争力和市场需求已经成为驱动建筑业发展的关键动力。首先，建筑业的发展与国家和地区的经济竞争力密切相关。一个国家或地区的建筑业状况往往反映了其经济的整体健康状况。建筑业的繁荣往往伴随着经济的增长，反之亦然。因此，建筑业在国家和地区经济战略中扮演着重要的角色，成为实现国家经济目标的一个关键组成部分。其次，市场需求直接影响着建筑业的发展方向。随着人口增长和城市化进程的发展，对住房、商业和基础设施的需求不断增加，因此，建筑业需要根据市场的实际需求灵活调整，提供更适应时代潮流的解决方案。绿色建筑、智能城市和可持续发展等概念的兴起也使得建筑业在满足市场需求的同时，更加注重环保和社会责任。

在这个多元化的行业中，建筑业的发展还受到技术创新、政策法规、社会文化等多方面因素的影响。数字化技术的应用，新型建筑材料的研发，以及对健康与安全的关注都在推动建筑业向更高水平发展。政府的政策法规也对建筑业的规范和引导发挥着至关重要的作用。

因此，建筑业在全球范围内的发展是一个综合性的过程，需要各方面因素的共同作用。只有紧密关注经济竞争力、灵活应对市场需求，并不断创新和适应新的发展趋势，建筑业才能在当今竞争激烈的环境中取得可持续的发展。

#### （1）经济竞争力的作用

随着我国经济实力的增强和经济全球化的迅速发展，我们必须紧抓机遇，积极地开展对外合作，充分利用国际和国内两个市场以及两类资源。通过大胆地“走出去”，我们可以弥补国内资源和市场的不足，将先进的技术、设备、产品和服务输出到国际市场。这种开放合作的方式有助于促进国内企业更好地参与全球竞争，提升其创新能力和国际竞争力。在经济全球化的大背景下，中国需要更积极地参与国际合作，建立更广泛的国际伙伴关系，推动技术交流和经济互利合作。这样的努力不仅有助于引进新技术、发展新产业，还有助于逐步培育和壮大我国的跨国公司，使其更好地融入全球产业链，实现可持续发展。

建筑业作为国民经济支柱产业，它的发展状况直接关系到国民经济和民生，为响应“走出去”战略，适应经济全球化发展，建筑业不再局限于国内市场，而是转头面向更广阔的国际市场，国际市场的开拓对于建筑企业而言不仅能够提升企业的规模和影响力，还能够获得更多的机会和资源，促使企业更好地适应全球化竞争。在国际市场这个浪潮里，建筑企业将面临更多的挑战，国际市场要求建筑企业适应不同国家和地区的经济、文化和法规环境，并结合自身实际情况开发国际化战略。随着经济全球化的深入，建筑业在国际市场上会面临更加激烈的竞争，建筑企业为了能够在国际市场生存下去，不得不进行转型以提升自身经济竞争力，建筑企业经济竞争力的提升不仅关系到企业自身的生存和发展，也关系到国家整体的建设和发展水平。

建筑企业要想提升自身经济竞争力，引入先进的科技和工艺是较为有效的途径之一。在科技发展如此迅速的时代，技术创新和数字化转型成为建筑业转型的关键，抛弃传统低效率、高能耗的技术，通过引用先进的科技和工艺或自主进行技术创新，将高效率、低能耗的新兴技术应用于建筑行业。建筑企业通过不断完善技术应用，不仅能够提高工程质量、提升施工效率、降低工程成本，还能够提升企业自身在市场的竞争力，降低能耗，从而使得建筑业实现可持续发展。

**（2）市场需求的影响**

市场需求是行业转型的基础，在当今快速变化的商业环境下，市场需求不断演变，推动着各行各业实现转型，建筑业也不例外。随着社会和技术的发展，人们对建筑空间的需求发生了巨大变化，人们对于更安全、更智能、更可持续的建筑需求不断增长。同时，可再生能源、智能城市和绿色建筑等新兴市场的崛起，要求建筑业提供更创新、环保的解决方案，这驱动了建筑业的转型，进而不断塑造着建筑行业的新面貌，这些市场需求的变化不仅仅是对建筑业的挑战，更是为行业提供了巨大的机遇。

在大数据时代，社会对数字化和智能化的需求不断增加，数字化和技术创新是建筑业转型的重要引擎，这也要求建筑业必须整合先进的智能技术并在此基础上进行技术创新，现有的建筑信息模型（BIM）、人工智能、物联网等数字技术的应用使得建筑设计、施工和管理更加智能化和高效，这些技术的引入不仅提高了建筑过程的效率，还改变了传统建筑业的商业模式，推动行业向数字化和智能化方向发展，来满足市场对于智能建筑的需求，以适应因数字化浪潮而变化的市场，进而提升自身在市场中的地位。

现代社会对环保和可持续发展的意识不断提升，市场对绿色建筑的需求也在逐渐上升，建筑业需要调整产品和服务以适应这一趋势，提高市场竞争力，而装配式建筑的应运而生也正体现了社会对绿色建筑需求的不断增加。社会对可持续发展的关注日益增加，使其成为市场衡量建筑产品和服务的一项重要标准，建筑业需要采用更环保、低碳的建筑材料和技术，减少对环境的影响，以贯彻“绿水青山就是金山银山”的理念。

总体而言，经济竞争力和市场需求是相辅相成的，它们推动着建筑业不断进行创新和转型，以适应不断变化的商业环境，在这个过程中，数字化、可持续发展和国际化等因素将成为推动建筑业升级的重要动力。

## 第四节　建筑业转型的制约因素

建筑业作为一个关系到城市发展和人类生活质量的重要领域，正面临着迫切的转型和升级需求，然而，在这一过程中，涌现出了一系列制约因素，阻碍了建筑业的顺利转型。这些制约因素既涉及行业内部的结构性问题，也包括外部环境的多重考验，使得建筑业在迎接未来挑战的过程中面临着一些困境。

### （一）技术更新与创新难题

建筑业是一个历史悠久而又不断演变的行业，随着科技的迅猛发展，技术更新与创新已经成为这个行业发展中的关键驱动力。工程项目的特点之一是它的复杂性，既涉及设计、施工、材料选择，又需要考虑环境、可持续性和安全等多方面因素。在这个背景下，技术的更新与创新成为推动建筑业前进的关键因素。随着时代的变迁，建筑行业逐渐摆脱了传统的施工方式，开始采用先进的数字技术、信息技术和自动化技术，来提高效率、降低成本并确保项目的可持续性，然而，在这一过程中也面临着一系列的挑战和难题。

**（1）高成本与资金投入**

技术更新和创新需要大量的人力、物力、财力投入，在投入之后，短时间内极大可能是看不到收益的，并且建设项目最主要的特点之一就是涉及资金量大，因此会对建筑企业资金周转产生巨大的挑战，特别是对于中小型建筑企业而言，技术更新与创新有导致其资金链断裂的风险。

**（2）行业惯性和保守性**

首先，建筑业中存在这样一种情况：有些建筑企业在自己的舒适区还能够有比较好的经济收益，不愿主动走出舒适区去自主进行企业转型，因此，长期以来一直依赖于传统工艺和方法，这种行业惯性可能导致企业对新技术的接受程度降低，他们可能更倾向于沿用熟悉的做法而不愿尝试新技术。

其次，建筑业是一个传统行业，这种传统性在一定程度上保障了施工安全，降低了施工安全事故发生的可能性。然而，许多新技术需要经过实际工程的检验以确保其足够安全，因此很难立即应用新技术，这种行业的缓慢转变也增加了采用新技术和创新的难度。

**（3）技术标准和规范的限制**

建筑行业作为一个高度复杂、安全要求严格的领域，面临着一系列严格的技术标准和规范，这些标准和规范的制定旨在确保建筑工程的质量、安全性和可持续性，为业界提供了一种共同的语言和标准化的实施方式。这种技术标准和规范的限制性在一定程度上阻碍了新技术的应用。

首先，新技术必须符合行业标准和法规要求，标准的相对保守性使得一些新兴的、尚未被纳入标准的技术难以得到认可和广泛应用。因而，一些创新性技术在应用过程中需要经历更为繁琐的验证和审批程序，从而延缓了它们的推广速度。

其次，建筑行业的监管体系可能滞后于技术创新。快速发展的科技领域带来了大量新技术的涌现，然而，建筑行业监管体系的更新相对较慢，导致了一些新技术难以获得认可和批准。这种滞后可能缘于监管机构对新技术的了解不足、审批程序的繁琐，或者是对安全性和可行性的过度谨慎。

**（4）不确定性和风险**

引入新技术和创新涉及一定的不确定性和风险。新技术可能面临市场接受度、性能可靠性、成本效益等方面的挑战，企业在采用新技术时需要权衡风险与回报。虽然技术更新和创新对建筑业的转型具有潜在的影响，但随着时间的推移和市场压力的增加，建筑企业逐渐意识到采用新技术的重要性。因此，随着更多成功案例的涌现，建筑业可能会逐步克服这些制约，更积极地采用新技术，并在转型过程中取得进展。

### （二）复合型人才短缺

建筑业作为一个多学科交叉领域，对于专业人才的需求十分庞大，但目前人才短缺已经成为制约建筑业转型的重要因素之一。在信息时代和技术创新不断推动行业发展的背景下，建筑业所需的人才队伍需要更多地具备多方面的综合素养，包括但不限于工程技术、数字技术、可持续发展知识以及创新能力。而建筑专业的教育体系通常需要时间来调整和更新，以适应新兴技术和市场需求，传统的培训模式可能无法满足迅速变化的需求，因此，建筑专业教育的滞后性导致建筑业出现复合型人才供小于求的现象。

首先是技能匮乏与新技术需求不匹配。在建筑信息模型（BIM）、智能建造技术、可持续建筑等新兴技术不断涌入行业的情况下，对行业人员使用技术能力的要求也在增加。然而，传统的建筑教育和培训体系可能没有及时跟上技术的发展，导致新一代建筑专业人才在新技术领域的知识储备不足，当前人才市场缺乏具备这些新技术技能的专业人才。

其次，老龄化与经验流失。中国已经步入老龄化社会，在大环境都是如此的情况下，建筑行业也无法避免老龄化问题，通常经验丰富的从业者具有独特的洞察力和问题解决能力，并且这些无法简单地通过培训来替代，因此，经验流失会在一定程度上影响到项目的管理和执行。

最后是跨界人才的需求。现代建筑项目往往涉及工程、计算机科学、环境科学等多个领域的知识，而建筑专业教育体系往往只注重与本专业关联性很强的知识教育，而忽略了根据建筑业发展现状进行培养计划的调整，因此，在建筑业中具备跨界背景的人才仍有所欠缺。

克服人才短缺问题需要综合采取多方面的策略，包括更新教育体系以培养更符合市场需求的人才、加强行业内培训、提供吸引人才的激励制度等。建筑企业还可以通过与高校、研究机构的合作，以及制订专业培训计划等方式来解决人才短缺的问题，从而推动建筑业的转型。

### （三）法规和政策不确定性

建筑业常常受到政府法规和政策的影响，这些法规的变化可能对企业的经营产生不确定性。不同地区的法规标准可能存在差异，企业需要适应多样化的法规环境。法规和政策的不确定性是影响建筑业转型的重要因素之一，往往会导致企业缺乏长期规划性、影响企业市场竞争力，阻碍其可持续性发展。

#### （1）缺乏长期规划性

首先，不确定的法规和政策环境可能导致企业在进行技术升级和转型时的投资产生不确定性。在建筑企业转型过程中往往需要投入大量的资金用于引入新技术、培训人才和改变运营模式，但如果法规和政策在未来发生变化，这些技术可能无法得到应有的支持和认可，导致之前的投资失效或不够适应新的要求。因此，政策的不确定性就会促使建筑企业对创新和研发的投入保持谨慎态度。

其次，法规和政策的不确定性可能导致技术标准的频繁变化，使得企业很难选择合适的技术方案，这不仅增加了企业的技术选型风险，也可能阻碍了行业整体的技术进步。

以上两个因素，最终都会导致建筑企业为了规避法律法规的不确定性带来的风险，选择待在企业现在的舒适区，对企业未来发展缺乏长期的规划。

#### （2）影响市场竞争力

在建筑企业日益激烈的市场竞争中，法律法规的不确定性成为影响其竞争力的重要因素之一。建筑行业在不同国家和地区都受到各种法律法规的约束，这些规定既可以推动行业的发展，也可能成为企业发展的障碍。

法律法规的不确定性给建筑企业带来了诸多挑战，不同地区的建筑法规不断变化和调整，使得企业在项目开展过程中面临法律合规的风险和不确定性。环境保护、建筑标准、劳动法律等方面的法规变动也可能增加企业的成本压力，影响项目的进展和利润。此外，法规的复杂性和多样性也给建筑企业带来了管理上的挑战，企业需要花费大量资源和精力来理解、遵守和应对各种法规要求，这可能加重企业运营的负担，尤其对于中小型企业而言，其影响更为显著。

**（3）阻碍可持续发展**

在建筑行业，法律法规的不确定性已成为阻碍企业可持续发展的一大难题，这种不确定性不仅使企业难以预测和应对法规变化，也增加了项目的风险和成本。法规的频繁变动和不确定性对建筑企业造成了多方面的影响。首先，法规的变化可能对项目的审批、进度和成本产生直接影响，导致企业在规划和执行项目时难以做出准确的预测。其次，法规的不确定性增加了企业的合规风险，可能导致法律责任和罚款，进而损害企业的声誉和财务状况。最后，法规的不确定性也给企业带来了管理上的挑战，企业需要不断调整业务策略以适应法规的演变。

### （四）传统文化和观念

长期以来形成的传统文化和观念可能阻碍企业采用新的理念和方法，员工的思维方式和工作习惯可能需要改变，这需要一定的时间和资源。传统观念在一定程度上可能制约建筑业的转型。

**（1）保守主义的制约**

传统观念下的建筑企业为了控制风险，往往采取保守主义，建筑企业的保守主要体现在管理理念、建筑技术、项目管理和合作模式这几个方面。

首先，由于受到传统管理理念的束缚，对新的管理模式和业务理念难以接受。传统建筑业可能更倾向于保守的组织结构和决策方式，传统管理理念虽然暂时能够使建筑企业处于舒适区并且还能获得理想收益，但是在社会全面向前发展的时代背景下，各行各业为适应社会发展都在进行相应的转型，传统的管理理念极有可能阻碍建筑企业在转型时对更加灵活和创新的管理实践的采用。

其次，建筑业有建筑项目体量大、涉及金额多的特点，因此在采用新兴建筑技术方面也持保守的态度，传统建筑业往往依赖传统的、经过时间检验的建筑技术和工艺，而对于新兴的、更高效的技术可能持怀疑态度，这种技术保守主义在一定程度上会导致企业错失采用先进技术的机会，从而制约了行业的创新和升级。

最后是在项目管理以及合作模式上的保守。在各种新兴项目管理和合作模式出现的时候，大部分建筑企业仍选择采用传统的项目管理和合作模式，例如设计-招标-施工的模式，而这种模式可能导致信息传递不畅、效率低下。

**（2）环保意识不足**

传统建筑业可能对环保和可持续发展的认识不足，许多建筑企业对于自身长期发展没有清晰的规划，更注重的是项目带来的短期经济效益，可能导致企业对于节能、环保和可持续建筑的创新和投资较为保守，并且在日常经营中将这些方面的创新和投资置于次要位置，这也在一定程度上阻碍了建筑业向绿色、可持续的方向转变。

**（3）市场观念的滞后**

传统建筑业在面对市场需求和趋势时，常常面临反应速度缓慢的挑战。这种缓慢响应可能源于行业内部的保守文化和惯例，以及技术和创新的应用速度不及其他领域。

这种不敏感或慢于市场变化的情况可能导致企业难以跟上市场的脚步，进而影响产品和服务的更新换代。在新兴的可持续建筑和绿色技术方面，传统建筑业可能落后于市场趋势，导致无法提供符合环保标准的产品或服务。这种情况限制了企业在市场上的竞争力，并可能错失与时代潮流接轨的机会。此外，传统建筑业因为惯性和成本考量，常常面临难以快速转型的困境。采用新技术和更新的工艺需要投入大量资源和时间，而在此过程中，市场需求可能已经朝着另一个方向迅速发展，这种滞后可能导致企业在竞争激烈的市场中失去先机，限制了行业整体的升级和转型。

### （五）风险管理不足

建筑企业转型是一个复杂的过程，在转型过程中往往都会存在项目风险、技术创新风险、市场风险等，建筑企业若是缺乏有效的风险管理体系可能使企业转型困难甚至失败。成功的转型要求企业具备创新意识、灵活适应市场变化的能力，同时也需要政府、行业协会等各方面的支持和合作。

首先，大多建筑项目由于时间跨度大通常伴随着预算超支、工期延误、设计变更等众多不确定因素，如果企业在项目风险管理方面不足，可能难以及时发现和应对这些问题，从而影响项目的顺利进行，而项目无法顺利进行则极易造成一定的金融风险。建筑项目通常需要大量资金投入，若项目未能按期竣工，使得投资效益回收滞后，这种财务风险管理的不足在一定程度上可能导致企业资金链断裂。因此，建筑企业需要建立合理的融资结构，降低财务风险，并确保项目资金的稳定供应。

其次，建筑业在转型过程中通常需要采用新的技术和工艺，涉及技术风险和创新风险。如果企业没有建立健全的技术风险管理体系，可能面临实施新技术时的困难和失败。对于行业创新，缺乏对新理念和方法的适应能力也可能成为制约因素。

最后是市场风险，建筑业的市场受到宏观经济、政策法规、市场需求等多方面因素的影响。不足的市场风险管理可能导致企业对市场变化的反应不及时，难以有效调整战略。市场风险管理需要建立敏感的市场监测机制，以便及时调整业务战略。

# 第五节　技术创新在建筑领域的体现形式

## 一、新型建筑材料在建筑领域的应用

随着社会经济的发展，人们的思想观念也在不断发展更新。对于人类赖以生存的家园，人类的保护意识也越发强化。市场对环保的要求愈来愈高，建筑行业中对新型建筑材料的需求也越多。自从我国实行市场经济以来，我国的国民经济发展速度加快，人们对生活质量的追求也逐步提高，健康、绿色成为人们所崇尚的，国家也逐步重视生态环境对人类的影响，因而建筑企业为响应国家政策和迎合市场需求，逐步加大企业的环保性投入。建材行业走上了技术创新、提升产能、降低能耗的环保之路,不仅促进了建筑企业的发展，更实现了国家的可持续发展战略。

新型建筑材料发展与技术的进步息息相关，强调综合利用资源并注重环境保护。具有复合工业生产、多功能、节能、生态、轻质和高强度等特点的新型建筑材料在满足建筑结构需求的同时，还能够实现能源效益提升、环境友好和结构轻量化的目标。通过不断地研发和创新，新型建筑材料能够更好地满足现代建筑对功能性、安全性和可持续性的需求，为建筑行业的发展注入了新的活力。

在多年发展后，国内新型建筑材料行业的发展已经初具规模。该行业当前已经逐步发展为建筑材料行业中新的经济增长点，人民生活水平越来越高，再加上经济建设的不断加速，使得新型建筑材料的发展遇到了更为适宜的市场和机遇。当前装饰材料的品种和颜色越来越多样，这就使得城乡居民生活水平的提升和城市面貌的改善有了坚实的物质基础。国内当前已拥有了一支由科研、教育、设计、生产、建造和分销新型建筑材料的人才组成的专业团队。

### （一）新型建筑材料种类

我国通过借鉴和引进国外的优秀技术，加上自主研发，生产出了大量新型建筑材料。这些新型建筑材料涵盖了不同层次不同种类的建材，为我国的建筑行业节能减排做出了巨大贡献。总的来说，这些新型建材主要有以下几种类型。

#### （1）新型建筑装饰装修材料

装修作为建筑中最为重要的环节之一，其材料也应该划归到建筑材料中。虽然我国建筑装饰材料的发展时间比较短，但是发展十分迅速，目前，基于我国的现实需求，建筑装饰材料已经完成产业的逐步升级，在建筑装修市场之中，尤其是中高级的装修市场之中，已经有超过70%的材料实现了自给自足。不过当前产业自身的研发创新能力还有待提升，部分材料的技术含量不高，尤其是在高档装修装饰材料领域，还需要加大自身产业的建设力度。

#### （2）新型建筑密封防水材料

遮阳避雨作为建筑物最基本的使用功能之一，建筑的防水性和密封性也是检验建筑质量的标准，因此，防水密封材料对于一个建筑而言不可或缺。防水材料对于我国建筑行业的发展与相关产业的应用十分重要，现如今已经成为建筑材料领域十分关键的组成模块。伴随着我国经济的发展，在民用与军用等很多领域，都对防水材料提出更为苛刻的要求，特别是在特殊建筑之中的应用；在农业节水等方面也对防水材料提出了各种各样的要求。

进入21世纪，我国防水材料的发展非常迅速，基于沥青、聚合物以及防水涂料等应用，防水材料的性能逐步提升。目前，我国的防水材料种类很多，在产品的功能与质量上面已经达到发达国家的水平，防水材料工业体系的技术装备发展已初具规模。

**（3）新型隔热保温建筑材料**

“冬暖夏凉”是人们对居所的要求，而能达到这一效果则需要在保温、隔热材料上下功夫。国内保温材料在改革开放之后获得了极大的发展，且形成了较为完整的保温材料生产和技术体系，有了一定的规模。对新型保温材料以及新型建筑材料的相关应用、设计以及施工等进行加强，成为推动新型建筑材料产业发展的重点所在。

中国保温材料行业经过三十多年的艰苦奋斗，近年来发展速度极快，实现了多元化发展。对于一些行业，如硅酸钙绝缘产品、耐火纤维以及泡沫塑料等，极大地提升了其生产技术，改善了其生产设备，且一些产品已经处于国际领先水平。不过，因为国内保温材料产业发展晚，且技术设备水平差，这就要进行建筑领域相关技术的提升，来对建筑业的发展和保温材料的应用进行推动。

**（4）新型墙体建筑材料**

如今我国墙体类的新材料十分丰富，含有砖、空心砖以及平板砖等很多类型，如今复合板砖的应用十分少见，在目前的应用之中已经所剩无几。目前很多符合人体工程学理论的新材料已经开始应用，尤其是节能材料的应用，使得我国建筑行业的环保水平大幅度提升，同时还避免了耕地资源的极大浪费，将工业废渣等用于生产建筑材料，实现了可持续的发展。随着我国对外开放程度的加深，中国墙体材料行业开始走上多元发展之路，已经从之前的材料单一逐渐发展到多种材质混合的模式，自身的发展水平在不断提升与壮大。

### （二）新型建筑材料的应用

当前，随着我国建筑材料市场的不断繁荣，建筑公司积极推动了三项新技术成果的应用，并致力于提高建筑产品的技术含量。这些努力在提升质量、降低成本和提高效率等方面取得了显著的成绩。

#### （1）粉煤灰

粉煤灰混凝土的主要材料为火山灰等材料。将在粉煤灰中得到的细粉进行加工，再掺入普通的混凝土中，可以大幅度提升混凝土的原有性能，使得建筑物的耐久性大幅度提升，同时还可以节约大量的自然资源，实现建筑产业的健康与良性发展。因为粉煤灰的加入，提高了混凝土浇筑过程中的可加工性，提高了混凝土的抗渗性、抗冻性和耐久性。

粉煤灰加入到混凝土中，其具有的补强功能十分显著，但是需要科学设计其掺入的百分比，过多的话会使得建筑材料的碱度大幅度地下降，自身的抗碳化性能大幅度下降，对于建筑物的框架保护也不足，同时因为水泥用量的降低，导致材料二次水合的速度下降，对于建筑物的长期健康使用极为不利。因为粉煤灰自身具有阻滞功能，需要基于施工季节与具体的地理位置等选择合理的配置比例，粉煤灰的加入，使得混凝土的抗冻能力下降，因此在冬季施工的部分建筑物中不能使用这一材料，同时在较为炎热的地理位置应用的时候，应注意将其覆盖并浇水以防止干燥。

混合了粉煤灰的混凝土，因为粉煤灰替代了部分水泥，导致混凝土的初始强度相对降低。为了克服这一困难，在施工期间应特别加强对混凝土的早期维护措施，如在低温环境中进行施工时，必须采取保温隔热措施。通常，粉煤灰和添加剂的组合可以有效地提高混凝土的初始强度。

#### （2）UPVC水管

UPVC水管相比于金属材质的水管或者是聚乙烯材质的水管来说，其重量非常的轻，同时具有耐酸、流阻比较低、价格低廉的优点，在正常情况下，它在户外的使用寿命可以达到50年以上，非常适合建筑外的排水管道，也是目前最为理想的户外排水管道设备。但是同金属管材比较，其自身的机械强度还比较差，在抗老化性能以及线性膨胀等几个方面还具有自身的特有缺陷。在具体施工的时候，首先，不能无明示安装或在灯光中间隐蔽安装，以免因压碎造成泄漏；其次，UPVC管的耐热性很差，因此在安装过程中不得穿过烟管，并且与家用厨房侧面的自由距离必须大于400mm；第三，为避免因破裂和变形导致排水效果大幅度下降，不能将其应用到建筑的沉降缝区域；第四，考虑到材料的外部会因为环境不同出现比较大的差异，不能将其应用到储藏室之内，在寒冷季节施工时，需要做好保温防护措施，同时因为这种材料的膨胀系数比较大，为了解决管的膨胀和收缩问题，确保上升管的连接处不产生膨胀和收缩电压等问题，伸缩缝的位置和间距必须符合规范要求。

**（3）轻质墙体材料**

目前，轻质墙体材料种类繁多，例如空心砖和加气混凝土等，被广泛视为多功能墙体材料。这些材料具有重量轻、导热系数低、隔热性能优异等优点，还具备防水、隔声、吸湿和易加工的特性。此外，由于这些材料体积小巧，可以显著减轻建筑物的自重，从而降低材料和能源的消耗，并提高运输效率。这些砖块无须切割或折断，平均每人每天可以生产200个，进而使得建筑项目的修建效率大幅度提升。针对于具体的用户来说，可以基于自身的实际情况确定合适的尺寸，因此在住宅建筑中使用多孔混凝土砌块墙可以使使用面积增加3%~5%，以获得更好的社会和经济效益。

由于轻质材料自身的特质，如果不能较好地处理的话，会引起常见的质量问题，如涂层、脱壳、温度和应力开裂、不利于之后的装修操作等。为避免不利于今后的装饰装修活动，需要开展的相关操作如下：首先必须防止砖块太干并且在建造之前将水完全润湿，以使砂浆可以有效地水合和硬化；其次在切块的强度比较小的情况下，为避免其产生自身强度下降的情况，在具体烧制的时候需要将其自身的强度提升到传统材料的三倍以上。如果外窗为空心结构，需要将窗台改为细石混凝土等，避免下部产生开裂的情况。混凝土柱与砌块墙交界处也是经常出现裂纹的地方，抹灰前，应在交界处添加钉网，宽度为15~20cm。

由于大多数轻质墙体材料都是采用工业废料生产的，因此，在不同的环境温度下，墙体材料的物理和机械性能（例如导热和电阻）是不同的。

因此，轻质隔墙的衬里包括接缝处理、管道沟槽的密封、基础处理、分层和找平，从技术手段、施工方法、检查验收等方面，必须制订并遵循相应的技术施工方案。

### （三）新型建筑材料发展的意义

经济快速发展伴随着人口迅猛增长，然而，城市面积的客观限制促使城市建设趋势朝向高层建筑发展。增加建筑层数的需求对建筑材料提出了更为严格的要求，从而在客观上推动了建筑材料的不断发展。新型的建筑材料往往具有更高的强度、更好的耐久性、更低的维护成本以及更加节能等优越的特性，因此采用新型建筑材料不仅可以提高工程建设的质量和安全性，还可以响应社会对环保绿色的发展要求，从而推动建筑业的可持续发展。此外，新型材料在工程建设中的使用拓展了建筑材料的多样性，因而，建筑师可以在设计过程中运用不同的建筑材料，来满足不同场景下的建筑需求，提高了建筑设计的灵活性。

## 二、先进施工技术在建筑领域的应用

复杂性作为建筑工程的特性之一，涵盖了诸多专业领域的技术知识。各项专业技术的交叉作业在工程建设中十分常见，并且每一项技术都直接关系到工程的施工质量。因此，协调好各项技术，加强建筑工程施工现场管理，优化技术方案并有效落实，显得尤为重要，同时，提高各项资源的利用率，优化施工质量，才能保证建筑产品的质量，推动建筑行业健康稳定地发展。FS复合保温外模板施工技术、新型预应力混凝土支护桩施工技术均是先进施工技术在建筑领域应用的体现。

#### （1）FS复合保温外模板施工技术

FS复合保温外模板施工技术具有操作方便、保温性能优异等特点，是外墙保温体系施工技术之一。在房建工程中灵活运用FS复合保温外模板施工技术，不仅可以增强外墙保障体系的力学性能，还能够有效提高房建工程的防火能力。根据其规格尺寸，在进行FS复合保温外模板的拼接时，要确保排版布局的合理性，这可以在施工过程中有效节约材料使用量，实现节能降耗的效果，可以推动建筑领域实现节能目标，为我国建筑行业的节能环保发展带来助力。

### （2）新型预应力混凝土支护桩施工技术

新型预应力混凝土支护桩施工技术节材效果显著，桩体预应力主筋综合回收率达81.03%，大幅提升了绿色建造的品质。同时，预应力技术的使用增加了桩体的刚度，减小了侧向土压力引起的桩身变形，提升了支护结构的适用性。加之桩锚体系适用施工场景的广泛性，其推广使用空间巨大。

## 三、数字技术在建筑领域的应用

在21世纪，信息技术、计算机科学、人工智能、虚拟现实和增强现实等数字技术的蓬勃发展深刻地改变了建筑领域的方方面面，并且，数字技术已经成为建筑设计、施工、管理和维护的关键推动力。这使得建筑行业迎来了一个全新的时代，其中数字化、智能化和创新性的应用正在不断地塑造着未来的城市景观。

通过这些数字技术的应用，建筑行业不仅提高了效率、增加了产能，还在可持续性、安全性和用户体验等方面迈出了重要的步伐。数字技术为建筑师、工程师、施工人员和建筑管理者提供了工具，使他们能够更好地协同工作、精确设计、可视化项目，并在整个建筑生命周期中实现更好的管理，这种数字化转型不仅提高了生产力，还推动了建筑行业向更可持续、创新和智能的未来迈进。建筑行业一直以来都在不断追求更高效、更安全、更可持续的发展，建筑信息模型（BIM）、虚拟现实（VR）、无人机技术、物联网（IoT）等数字技术的崛起为实现这些目标提供了新的途径。

### （一）建筑信息模型（BIM）的应用

2020年7月3日，住房和城乡建设部联合国家发展和改革委员会等十三个部门联合印发《关于推动智能建造与建筑工业化协同发展的指导意见》。意见提出要围绕建筑业高质量发展总体目标，以大力发展建筑工业化为载体，以数字化、智能化升级为动力，形成涵盖科研、设计、生产加工、施工装配、运营等全产业链融合一体的智能建造产业体系。

2020年8月28日，住房和城乡建设部等九部门联合印发《关于加快新型建筑工业化发展的若干意见》。意见提出：首先，要大力培养新型建筑工业化专业人才，壮大设计、生产、施工、管理等方面人才队伍，加强新型建筑工业化专业技术人员继续教育，鼓励企业建立首席信息官（CIO）制度；其次，培育技能型产业工人，深化建筑用工制度改革，完善建筑业从业人员技能水平评价体系，促进学历证书与职业技能等级证书融通衔接，打通建筑工人职业化发展道路，弘扬工匠精神，加强职业技能培训，大力培育产业工人队伍；第三，全面贯彻新发展理念，推动城乡建设绿色发展和高质量发展，以新型建筑工业化带动建筑业全面转型，打造具有国际竞争力的“中国建造”品牌。

在建筑行业，BIM技术已经成为一种革命性的工具，对设计、施工和运营管理产生了深远影响。现在，BIM不仅仅是一个3D建模工具，而是一个整合了多种信息的平台，建筑专业人员可以集成各种数据，提供从几何图形到成本估算、时间表和资源管理等信息全面的建筑信息。BIM允许多个利益相关者在同一平台上协同工作，从设计师、工程师到施工团队，提高了沟通效率和协同性，可以支持建筑项目从设计到维护的全生命周期管理。

在设计阶段，BIM技术改变了建筑设计的方式。设计团队可以创建详细的虚拟模型，通过三维模拟可视化建筑结构、设备、管道和系统等各个方面。这有助于设计团队更好地协作，提高设计质量，并在设计初期就发现和解决潜在的冲突或问题，避免了后期施工因设计不合理导致的设计变更的情况，降低了工程成本，提高了工程项目的经济效益。

BIM在施工阶段的应用也非常重要。通过BIM模型，施工人员能够直观生动地观察到整个项目的构成，帮助施工人员更好地理解和评估项目情况。施工团队可以根据项目实施情况构建过程的优化和协调，不仅能够预测和规避施工过程中的碰撞和冲突，提高资源利用率，还可以优化施工过程管理模式，以达到提高施工效率的目的。在建筑完工后，BIM技术仍然发挥着作用。建成的建筑会转变为数字化模型，为建筑设施管理（FM）提供支持，维护团队可以运用BIM技术访问实时的建筑信息，更好地管理设备维护、更新和规划，提高建筑的效率和可持续性。

总体而言，BIM技术在建筑行业的应用已经非常广泛，并且不断发展。它已经成为当今建筑项目管理和设计的标准工具之一，为建筑行业的各个阶段提供了更高效、更精确和更具可持续性的解决方案。

## （二）虚拟现实（VR）在建筑设计中的应用

### （1）VR技术概述

虚拟现实（Virtual Reality）也称为虚拟技术、虚拟环境，是20世纪发展起来的一项全新的实用技术，是利用计算机模拟产生一个三维空间的虚拟世界，提供用户关于视觉等感官的模拟，让用户感觉身临其境，可以即时、没有限制地观察三维空间内的事物。虚拟现实是多种技术的综合，包括实时三维计算机图形技术，广角（宽视野）立体显示技术，对观察者头、眼和手的跟踪技术，以及触觉/力觉反馈、立体声、网络传输、语音输入输出技术等。

在科技快速发展的社会背景下，VR技术在各行各业都催生了革命性的变革。在传统的建筑设计和规划过程中，纸质图纸和二维平面的限制导致了信息传递的不足，并且在项目开发和决策中也存在许多难以克服的挑战。而VR技术以其逼真的虚拟环境和交互性，为建筑行业提供了全新的工具和视角，在一定程度上重塑建筑行业的工作流程，提高项目的成功率，并在可持续发展的背景下推动建筑领域朝着更绿色和更智能的方向迈进。将VR融入建筑设计、施工和展示的各个阶段，不仅提高了设计效率，还加强了团队之间的协作，使得设计师、工程师、开发商和客户能够更直观、更全面地理解和参与建筑项目的各个方面。现如今，VR技术在建筑领域主要应用于设计和可视化、协同决策、培训与模拟以及客户演示这几个方面，VR技术在建筑领域的广泛应用正为我们呈现出一个更为精彩和创新的未来。

### （2）VR技术在设计中的应用

VR是一个同时拥有演示和设计两大功能的工具。作为演示媒体而言，它通过视觉效果将设计理念具象地表达给客户。传统的设计模式，设计理念往往是通过设计图纸来表现，而传统的二维图纸要求识图者具有一定的专业识图能力，因而，时常出现“词不达意”的情况。而VR这一技术的出现很好地解决了这一难题。作为设计工具而言，VR可以将设计者的构思转化为可视化的模型，设计者能够直观地感受即时的设计效果，对于不满足要求的设计还能够实时进行优化。VR的出现极大地提高了设计的效率和质量，既节约了时间，又节省了做模型的费用。

#### （3）VR技术在设计评审中的应用

在设计评审中，VR技术为建筑行业带来了革命性的变革。传统的设计评审通常依赖于平面图纸和模型，但这些方式难以呈现出真实的空间感和比例感，容易导致误解和沟通不畅。VR技术通过创造沉浸式的虚拟环境，为设计评审提供了更直观、更全面的体验，从而在多个方面产生积极影响。

首先是空间感与比例感的实现。VR技术允许设计师和相关利益方进入一个虚拟建筑空间，以更真实的方式感受建筑的尺度、比例和布局。这有助于减少在平面图上可能出现的误解，确保所有参与者对设计意图有清晰而一致的理解。另外，VR技术允许用户在虚拟环境中自由移动，并从不同角度观察建筑设计。这种多维度的视角使得评审过程更加全面，各个方面的设计细节都能够得到充分考虑。

其次是实时互动与修改的实现。在VR环境中，设计团队可以实时互动并对设计进行修改。这种实时反馈机制使得评审过程更加灵活，团队成员可以立即看到设计的调整对整体效果的影响，从而更迅速地做出决策。

再次是实现远程协同与全球合作。利用VR技术，设计评审可以实现远程协同，即使团队成员分布在不同的地理位置也能够共同参与。这为全球性项目的设计评审提供了便利，减少了时间和地理上的限制。

最后是客户参与反馈。VR技术还为客户提供了更深入的参与体验。客户可以在虚拟环境中亲自体验设计，更好地理解设计师的愿景，并提供实时反馈，有助于确保设计符合客户期望。

综合而言，VR技术在设计评审中的应用不仅提高了沟通效率，也使得评审过程更加直观、全面。这种技术的应用为设计团队提供了更强大的工具，有助于确保设计在早期阶段就能够达到最佳状态，减少后期的修改和成本。

### （三）无人机技术在建筑领域的应用

#### （1）无人机技术概述

无人机技术不仅提供了新的工具和方法，也为建筑行业带来了更高效、更安全、更经济的解决方案。在建筑设计、施工和维护的各个阶段，无人机技术都发挥着关键的作用，为业界赋予了新的视角和可能性。

#### （2）无人机在建筑勘察中的应用

无人机在建筑中的一个主要应用是进行空中勘察。无人机正在慢慢取代部分传统的陆地测量设备。它们可以提供被调查地区的鸟瞰图，这在人类难以到达的地区非常有益，同时，具有人工智能和机器学习能力的智能无人机可以创建被调查区域的2D平面图。无人机消除了人工操作过程中可能出现的错误，节省了时间和人力，而且更加准确。

#### （3）项目执行及改进

建设中的拖延和失误是建设领域面临的主要问题。无人机可以收集数据并报告，从而帮助建设者更快地完成项目。它可以检测建筑项目的任何部分是否落后于计划，并可以将数据发送给有关人员，以便采取必要的措施；它还可以对项目进行测量，并检测在人工检查过程中可能遗漏的任何施工错误。无人机的应用不仅节省了资金，还节省了时间。

#### （4）安全改进

无人机可以用来提高建筑工地的安全标准。无人机可以用来监控工地，防止盗窃，还可以为在工地工作的员工提供安全保障。配备摄像头的无人机可以探测和监控，为员工提供更好的安全保障，还可以保护公司免受盗窃带来的重大损失。无人机减少了对人工劳动的依赖，以提高工作场所的安全性。

#### （5）废弃物监测

无人机还可以用于废弃物监测。建筑工地产生了许多成堆的废弃物，需要建筑公司分配人力资源和时间来识别和衡量是否浪费。这个过程可能不准确，而且非常耗时。智能无人机可以用来识别产生的废弃物，它们可以准确地生成关于建筑工地废弃物数量和类型的数据。这有助于公司节省时间、金钱和人力资源。

### （四）物联网（IoT）在建筑智能化中的应用

#### （1）物联网技术概述

物联网的概念最初源自美国麻省理工学院的Auto-ID实验室，国际电信联盟（ITU）正式提出“物联网”概念，宣告了物联网通信时代的来临。根据物联网的定义，物联网将物品通过各种信息传感设备（如二维码识读设备、红外感应器、射频识别装置、GPS、激光扫描器等）与互联网连接起来，实现信息交换和通信，从而实现智能化识别、监控和管理。物联网技术的全面感知、可靠传输和智能化处理特性，使得人与物以及物与物之间的信息交流成为可能。随着数字技术的快速发展，物联网的应用范围不断扩大，开始服务于人们的日常生活与工作。在普通家庭中，物联网技术下的智能建筑使得家居环境变得更加舒适便捷。在社会生产领域，物联网技术协助下的智能建筑实现了人力物力成本的最大化节约，促进了产业优化升级，保证了人与自然的和谐相处，并为未来经济社会发展提供了更多可能性。

在应用物联网进行智能建筑设计的过程中，需要充分考虑物联网的多种技术方式，将这些技术与智能建筑的设计进行融合，以进一步提升建筑设计的智能化水平，同时让建筑的使用者能够感受到科技的发展成果。这不仅是对当前经济社会发展的技术成果进行深入运用的体现，也是对智能化建筑设计进行深入技术应用与思考的重要方面。

在建筑工程领域，可以通过各种信息感知、测量、监控设备实现对施工现场的全面监控。例如，在施工阶段，对现场构件进行统一编码，利用二维码识读技术获取不同构件的施工状态，以及利用信息感知设备对建筑物能耗、环境信息进行实时监测，进行能耗优化管理等。无线传感器网络的应用也使得在复杂环境下更便于收集、监测各种数据，为建筑工程的管理和优化提供了强大支持。

#### （2）物联网技术在建筑能源管理中的应用

在当今社会，建筑行业正面临日益增长的能源需求和对环境可持续性的迫切需求，物联网技术的引入为建筑能源管理提供了一种新途径。物联网通过部署温度传感器、湿度传感器、光照传感器等各种传感器，实时监测建筑内外的环境条件，这些传感器收集的数据可以帮助建筑管理员了解建筑的实际能源使用情况，使他们能够更加精准地监测和分析建筑的能源消耗情况。同时，物联网系统将传感器获取的数据传输到中央服务器，通过大数据分析技术进行处理，这有助于建筑管理员更好地理解能源消耗的模式和趋势，找到潜在的节能机会。这种数据驱动的方法为制订更有效的节能策略提供了基础，有助于降低能源成本、减少对非可再生能源的依赖，并最终实现建筑的可持续经营。

基于物联网技术，建筑能够实现智能化的能源控制，通过实时监测和反馈，系统可以自动调整照明、空调、采暖等设备，以适应实时的能源需求和环境条件。这种智能化的能源管理系统不仅提高了能源利用效率，还减少了人为干预，提高了操作的便捷性和灵活性。

此外，物联网技术还为建筑提供了远程监控和操作的能力。物联网技术使建筑管理员能够通过远程访问监控建筑设备和系统，随时随地监测能源使用情况，并进行及时的调整。物联网可以通过监测设备的状态和性能，预测设备可能的故障或维护需求，由此看来，预测性维护也成为可能，通过监测设备状态，提前识别潜在的故障，并采取措施，避免不必要的停机时间和能源浪费。

总的来说，物联网技术在建筑能源管理中的应用通过实时监测、数据分析和智能控制，使建筑能够更有效地利用能源，降低运营成本，提高可持续性，对环境和社会产生积极影响。

**（3）物联网技术在建筑安全系统中的应用**

建筑安全一直是备受关注的重要议题，随着科技的不断进步，物联网技术为建筑安全系统带来了创新和改进的机会。在建筑领域，物联网技术为安全管理提供了全新的维度，使得监测、识别和应对潜在风险变得更加智能和高效。物联网技术在建筑安全系统中的广泛应用，主要聚焦于智能监测与传感器网络、视频监控与分析、智能门禁系统、健康与安全监测，以及实时数据分析与预警系统等多个方面。通过这些创新性的应用，建筑安全不再仅仅是靠传统手段维护，而是通过先进的技术手段实现对潜在风险的主动感知和精准响应。

首先，利用物联网技术建立智能监测和传感器网络，用于火灾、气体泄漏监测。配备物联网传感器的烟雾探测器和温度监测器，能够迅速检测到烟雾或异常温度，并通过物联网传输数据到中央监控系统，实时监测建筑内的火灾风险，以便及时采取行动。同时，物联网传感器还可以对建筑内天然气或一氧化碳等危险气体进行检测，以预防有毒气体泄漏导致的安全问题。

其次，利用物联网技术可以建立智能门禁系统，使用具有物联网连接功能的智能摄像头，实现对建筑内外的实时监控，并基于物联网的视频分析技术能够检测出例如建筑内的人员聚集、不寻常的运动模式等异常事件。除此之外，物联网连接的门禁系统还可以通过远程管理平台进行监控和控制，允许管理员实时查看和管理建筑入口。物联网技术的应用有助于识别潜在的危险行为或异常活动，从而提高对潜在威胁的感知。

再次，利用物联网技术可以对员工健康进行实时监测。物联网传感器可用于监测施工人员体温、心率等生理性数据并进行健康状况实时监测分析，这便于及时发现施工人员健康问题。同时，通过物联网技术还可以实现对施工人员的紧急救援，物联网设备可以在施工人员遇到紧急情况时发出求救信号，并通过系统迅速通知相关人员，提高事故处理的速度和效率。

最后，物联网收集的大量数据可以通过先进的分析算法进行处理，以识别潜在的安全风险和趋势。基于实时分析的系统可以发出预警，提醒管理人员和员工采取必要的措施来应对潜在的安全问题。物联网技术的应用使建筑安全系统更加智能化、实时化，并为安全管理提供了更多的数据支持，从而提高了对潜在风险的感知和处理能力。

物联网技术的深入渗透使得建筑安全系统不再是被动的防御性结构，而是演变成了一个主动、智能、全面的保障体系。物联网技术在建筑安全系统中的引入，使得建筑业有望在未来更加安全、可持续的建筑环境中迈出更为稳健的步伐。

随着科学技术的不断演进，数字技术在建筑领域的应用将更加广泛。全球范围内，建筑行业将迎来更智能、数字化的时代。建筑信息模型（BIM）的进一步发展将推动建筑项目管理的全面升级，实现更高水平的全生命周期管理。同时，人工智能、大数据分析等技术的应用将进一步提升建筑的智能化水平，使建筑能够更好地适应未来城市的发展需求。

总的来说，数字技术在建筑领域的创新应用为建筑行业的可持续发展奠定了坚实基础。这一趋势不仅提高了效率、降低了成本，还提高了建筑的质量和安全性，为未来建筑的智能化和可持续发展带来了新的可能。

## 本章小结

本章主要探讨了建筑业技术创新的现状、作用，以及建筑业的发展历史、现状，进而讨论了建筑业转型的必要性和制约因素，并介绍了技术创新在建筑领域的体现形式。

# 第三章　建筑业转型中技术创新与产能提升的关系

## 第一节　技术创新与产能提升关联性分析

新时代，建筑业承担着推动工业化、信息化、城镇化、农业现代化和绿色化等多元化发展的重任。当前，我国建筑业正面临增速放缓和行业利润率下降的挑战，通过提升自主创新能力和技术应用水平，可以有效应对这些挑战，技术创新不仅能促进产品升级和市场需求的有效对接，而且还能促进生产要素的优化配置，提高产能利用率，与此同时，产能的提升反过来也能激发技术创新的进一步发展，形成良性互动。因此，建筑业应高度重视技术创新和产能提升的协同发展，以适应新时代的发展要求，实现持续稳定的发展。对于二者关系，可以将其分为直接关联和间接关联两方面。

### 一、直接关联

在可持续发展理念持续加深的大环境下，城市建设步伐不断加快，对建筑业的需求和依赖也日益增强。建筑业在发展过程中面临着一些挑战，如规模大但竞争力不强、资源结构不尽合理等，这些问题制约了行业的进一步发展。在此情况下，为推动建筑业的稳健发展，必须通过技术创新提升技术水平，为行业发展注入新动力，并进一步提升产能。技术创新不仅可以优化人力、财力和物力的配置，提高产能利用率，还能促进产品升级和市场需求的对接，从而实现建筑业的持续健康发展，以适应新时代的发展要求。

技术创新可以从生产过程和产品开发两个方面直接作用于建筑业产能

提升的进程，如图3-1所示。

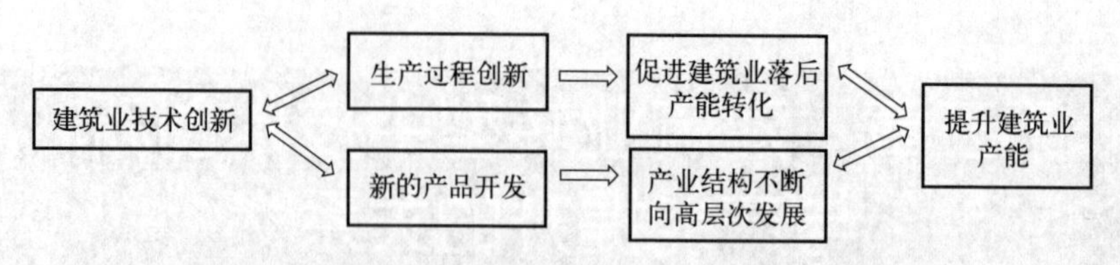


图3-1 技术创新提升建筑业产能进程的直接作用

在建筑业的生产过程中，创新体现为对传统生产方式的革新，推动行业向更为精细化、工业化的方向发展。通过引入先进的技术和管理模式，建筑业可以实现更高效、精细化的生产方式，进而提升产能和整体竞争力。

强大的技术创新能力可以缩短产品更新时间，使行业能够更快地适应市场对产品和技术需求的不断变化。这种灵活应对市场需求变化的能力，来源于技术革新对需求的及时响应和满足，能够快速取代落后的生产线，进一步为产能提升做贡献。

在建筑业中，技术创新通过引入新的生产要素，如新技术、新设备、新材料等，推动着行业的持续进步。通过淘汰落后的生产要素，技术创新能够有效地提高生产效率、降低成本，从根本上淘汰落后产能，提升行业整体生产力。

在建筑业的产品开发过程中，技术创新发挥着至关重要的作用。通过不断地尝试和改进，技术创新促使技术生产过程逐渐成熟，推动产品研发向新的领域拓展。这种持续的技术革新不仅促使新产品能够快速取代不满足市场需求的老产品，从而实现建筑业的自我革新，还为建筑业注入了新的活力，提升了产品品质和生产效率。技术创新是建筑业发展的关键驱动力，它不仅有助于化解产能不足的问题，还能促进建筑业的持续发展。正是由于这些优势，技术创新在建筑业中得到了广泛的关注和应用，成为推动建筑业进步的重要力量。

## 二、间接关联

### （1）理论分析

根据内生增长理论，将建筑业总体生产函数构建为

$$Y' = A'(t)K'^{\alpha'} L'^{\beta'},\ \alpha' + \beta' = 1$$

$$A'(t) = \lambda' \overline{A}'(t) + \theta \tag{3.1}$$

式中 $Y'$——建筑业发展水平；

$A'(t)$——建筑业综合技术水平；

$K'$——建筑业资本投入；

$L$——建筑业劳动力投入；

$\alpha'$——建筑业资本投入的产出弹性；

$\beta'$——建筑业劳动力投入的产出弹性；

$\lambda'$——建筑业技术创新对其综合技术水平的影响系数；

$\theta$——随机干扰的影响。

不考虑随机影响造成的干扰时，$Y'$与$\overline{A}'(t)$和$\lambda$成正比关系。因此，从理论层面来看，技术创新对建筑业的发展起到了积极的推动作用。通过优化人力、财力、物力等生产要素的配置，提高产能转化的效率，使建筑业能够更好地适应市场需求的变化。这样的创新不仅可以提升建筑业的生产力和效率，还可以推动整个行业的持续发展。

**（2）经验分析**

从产能提升的行业分布情况来看，建筑业表现出结构性特点，其中主要问题是产能不足，即产品未能达到预期的生产标准。作为资本密集型行业，建筑业的规模效应显著，行业内竞争异常激烈。企业为了降低成本、在激烈的市场竞争中获得竞争优势，往往会采取盲目、重复和过度投资等短视策略，试图通过扩大规模和增加产量来降低单位成本。

然而，这种粗放的发展模式不仅会导致资源浪费和环境污染，还可能引发一系列的产能过剩问题。因此，建筑业亟须转变发展方式，寻求可持续发展的路径。而技术创新正是推动建筑业转型升级的关键所在。

技术创新对建筑业的影响是全方位的。从财力角度来看，技术创新能够有效降低生产成本，提高投入产出比。从人力角度来看，技术创新可以提升劳动者的技能水平和生产效率，进而提高产品质量和竞争力。从物力角度来看，技术创新可以优化资源配置，实现资源的高效利用，减少浪费和排放。因此，技术创新从人力、物力、财力等方面间接影响建筑业产能提升的进程，其间接作用如图3-2所示。

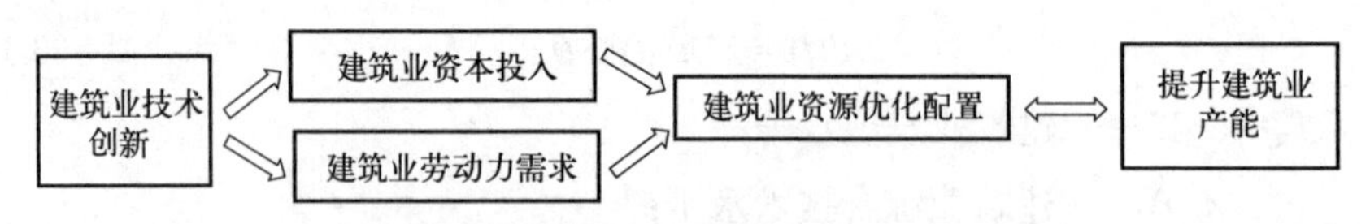

图3-2　技术创新提升建筑业产能进程的间接作用

① 技术创新对资本的影响

企业在制订投资策略时，应重视技术创新。通过提升技术创新能力，可以缓解行业产能不足的问题。企业倾向于资本密集型投资，但这种策略可能导致盲目、重复和过度投资，影响产能提升。为了解决这一问题，企业应深入理解技术创新在资本投入中的作用。将技术创新划分为不同阶段，有助于更好地理解其对资本投入的影响。在技术创新的初始阶段，企业需要大量资本投入，以获得创新优势和可观收益。随着技术创新的成熟和稳定，行业中的大部分企业开始享受技术创新成果，生产成本降低，社会效益提升，但企业收益可能下降。

为了获得竞争优势和更多收益，技术水平较低或收益受到技术创新普遍化影响的企业将更加重视技术创新。这促使企业不断推动技术革新，为建筑业的技术发展创造良好条件。企业在投资决策中应充分考虑技术创新的作用，将其视为重要的生产要素之一。通过合理配置资源、优化投资结构，企业可以更好地发挥技术创新的作用，提高产能提升的效率，推动建筑业的可持续发展。

② 技术创新对劳动力的影响

当前，建筑业主要依赖低成本的人力、物力和材料设备来实现行业发展，还是体现出明显的劳动密集型特征。技术创新不仅体现在技术和设备的更新提升上，而且对劳动力生产技术水平产生了积极影响。随着建筑业向信息化、工业化发展，对建筑材料的要求逐渐转向绿色建材，技术生产标准也逐步向绿色可持续、集成化、装配式、BIM等方向发展。在这种背景下，劳动力作为建筑业生产过程中不可或缺的一部分，其水平和要求也相应提高，不能适应新技术水平的劳动力将在这一过程中被淘汰。为了适应新的生产水平，对能够适应新技术水平的劳动力的需求增加，间接提高了建筑业劳动力的技术水平，从而促进了建筑业产能提升的进程。

## 第二节　技术创新对产能提升的作用

技术创新与产能提升之间存在密切的关联。技术创新对生产力提升最直接的影响就是推动生产过程的自动化和智能化，从而有助于提高产能。技术创新与产能提升相关联的作用主要表现在以下几个方面。

### 一、技术创新提高生产效率

随着科技的飞速发展，技术创新已经成为推动社会进步和提升生产效率的重要驱动力。技术创新不仅改变了我们的生活方式，也为企业带来了前所未有的机遇和挑战。在竞争激烈的市场环境中，企业要想立于不败之地，必须紧跟技术创新的步伐，提高生产效率。

#### （1）技术创新引领生产效率提升

技术创新是提高生产效率的关键。通过引入先进的生产技术和管理理念，企业可以大幅提高生产效率，降低成本，提升产品质量。例如，自动化生产线、机器人技术、大数据分析等先进技术的应用，使得企业能够实现高效、精准的生产，减少人工干预、降低出错率，从而提升生产效率。

#### （2）智能化生产助力效率提升

智能化生产是未来制造业的发展趋势。通过引入人工智能、物联网等技术，企业可以实现生产过程的智能化、柔性化，提高生产效率。例如，智能化的生产线可以根据订单需求，自动调整生产计划，实现个性化定制，满足消费者多样化的需求。同时，智能化的设备可以实时监测生产过程，及时发现并解决问题，确保生产过程的顺利进行。

总之，技术创新是提高生产效率的重要途径。企业需要紧跟技术创新的步伐，引入先进的生产技术和管理理念，实现智能化、绿色化、可持续化的生产方式。同时，政府和社会各界也应该共同努力，为企业的技术创新提供支持和保障，推动社会的进步和发展。这将使得企业能够在更短的时间内生产更多的产品，从而提升产能。

## 二、技术创新改善产品质量

在当今竞争激烈的市场环境中，产品质量已经成为企业生存和发展的关键因素。而技术创新则是提高产品质量、增强企业竞争力的重要途径。

**（1）引入新的技术或改进现有技术**

企业不仅可以通过引入新的技术或改进现有技术来提高产品的性能和质量，还可以在进行技术创新时，加强人才培养和技术储备。只有拥有高素质的人才和技术储备，才能不断创新和提高产品质量。同时，企业还需要注重知识产权保护和专利申请工作，以保护自己的技术和产品成果。例如，在汽车制造领域，企业可以通过引入先进的材料和制造工艺，提高汽车的安全性能和舒适性能；在电子行业，企业可以通过引入先进的芯片技术和软件技术，提高电子产品的性能和稳定性；在智能家居领域，随着人工智能技术的不断发展，智能家居产品已经成为市场上的热门产品。这些产品通过引入人工智能技术，实现了语音控制、自动识别等功能，大大提高了产品的性能和用户体验。

**（2）改进生产工艺和流程**

企业不仅可以通过改进生产工艺和流程来提高产品的质量和生产效率，还可以引入新的生产技术和设备以减少人工操作、降低生产成本并提高生产速度和准确性。这使得企业能够在更短的时间内生产更多的产品，从而提高产能。例如，在制造业中，企业可以通过引入自动化生产线和机器人技术来提高生产效率和质量；在食品行业中，企业可以通过引入先进的加工技术和包装技术来提高食品的卫生质量和口感。

因此，通过技术改进和创新，可以提升产品质量，满足市场需求，增加产品销量，从而提升产能。

## 三、技术创新推动产业升级

当前，我国进入高质量发展阶段，推动产业结构转型是实现经济质的有效提升和量的合理增长的必然要求。一方面，需要通过技术创新升级和改造传统产业降低传统产业成本，提升效率，增强传统产业供给新消费产品和服务的能力。另一方面，要坚决贯彻供给侧结构性改革，加快生产端与消费端在新高度上的融合发展，通过传统产业的创新升级弥合供需结构失衡，进而用强大旺盛的新兴市场需求弥补技术创新与产业升级的高昂成本，形成进一步加快产业结构升级的内在动力。

所以，技术创新可以推动产业升级，从传统建造向高质量建造转型，积极采用新技术来提高生产效率、降低成本、提高产品质量、市场竞争力和产业附加值，从而提升产能。

## 本章小结

本章通过分析建筑业技术创新发展现状，发现建筑业技术创新水平的提升可以使企业生产的产品更贴近市场需求，并且能够让生产产能更有效地转化为市场需求的产品，有效扩大优质供给，推动建筑业向价值链高端跃升。不管是在创新生产过程中使得产品实现更新，或者是由于技术创新水平提升需要优化人力、物力和财力的结构，这些都可以让产能向更有效的方向转变。

# 第四章　建筑业转型技术创新提升产能评价指标体系

## 第一节　构建建筑业转型技术创新提升产能评价指标体系

### 一、评价指标构建的目的及其原则

**（1）指标构建目的**

当评价建筑业转型技术创新与产能提升时，必须确保建立科学合理的指标体系以保证评价的准确性。使用相关指标体系进行评价时，分支结构以及各级指标的权重将显著影响建筑业转型技术创新与产能提升的评价结果，从而反映各个因素对其影响程度的不同。因此，为了有效评估建筑业转型技术创新和产能提升的状况，必须全面考虑这些因素，并通过建立合理的评价指标体系来完成相关的基础工作。

**（2）指标构建原则**

指标体系的合逻辑性和适用性非常重要，因为它们显著影响着建筑业转型技术创新提升产能的效果。指标体系的建立需要综合考虑多个因素，包括价值、可行性、适用性等多个方面。在构建指标体系时，必须考虑当前和长期因素、定性和定量数据，以及不同指标之间的相互关系。

对于本书而言，实现有效评价分析的首要任务是确立一个符合基本逻辑的指标体系。指标的选择应考虑建筑业转型技术创新对产能提升的影响因素。鉴于指标数量和方法的限制，指标的选择应遵循以下原则。

① 合理性：指标体系的构建需要考虑其独特性。在制订指标体系时，

必须结合实际情况，特别关注投入和产出指标，以确保所选指标与研究的内容一致，避免引入误差。总之，指标体系必须与研究内容相符。

② 结果导向性：指标体系构建的首要条件是确保它与研究目的和所期望达到的结果保持一致。本研究的目的是探究建筑业转型技术创新在提升产能方面的作用，因此指标的选择应紧密围绕这一中心进行。

③ 可行性：无论采用何种指标体系，其构建都旨在支持研究目的的实现。因此，指标体系的构建必须注重可用性和可衡量性。为了提高研究效率，应选择便于数据收集和客观测量的指标，以满足这些要求。

## 二、建筑业转型技术创新提升产能初始评价指标的构建

### （1）评价指标维度分析

指标体系的选择方向和界限通常通过维度或一级指标来进行体现，并且可以反映评价的核心内容及其指标体系的构建框架。

通过对专家的调研和文献资料的查阅，本书认为建筑业转型技术创新提升产能的内涵可以从3个方面解读：首先，在建筑业转型技术创新中，资源投入能对技术创新成果产生较大影响，因此，在进行技术创新能力分析时，必然需要考虑投入和经费情况；其次，为资源产出衡量了当前阶段建筑业转型技术创新对产能提升的影响，反映了在技术创新积累的基础上，建筑业在生产活动中利用技术创新解决产能提升的效果；第三，基础环境既是开展建筑业生产活动的基础条件，又是开展技术创新活动的必备资源。因此，本书构建的建筑业转型技术创新提升产能评价指标体系主要包括资源投入、资源产出、建筑业基础环境这3方面，其构建的指标体系能够对建筑业转型技术创新提升产能进行较为全面的评价，一级指标关系如图4-1所示。

### （2）初始评价指标体系的建立

本书结合建筑业转型技术创新相关文献提供的指标，筛选出了较为成熟和认可度较高的指标，并分析提炼出包括3个一级指标和19个二级指标的建筑业转型技术创新提升产能初始评价指标体系，见表4-1。

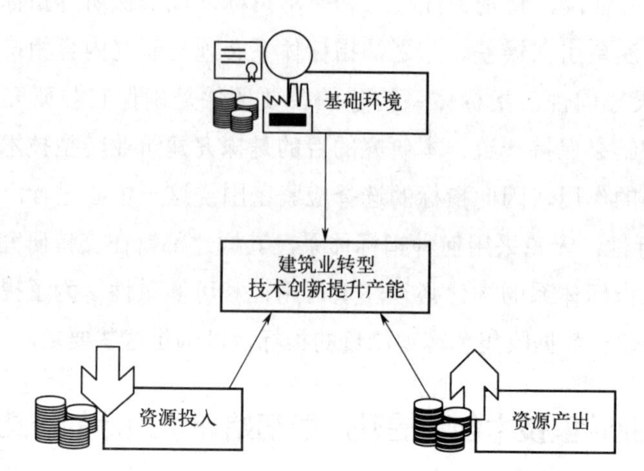


**图4-1　建筑业转型技术创新提升产能初始评价一级指标关系**

**表4-1　初始指标体系**

| 总目标 | 一级指标 | 二级指标 |
|---|---|---|
| 建筑业转型技术创新提升产能 | 资源投入 | 建筑业R&D[1]经费内部支出 |
| | | 建筑业R&D研究课题经费 |
| | | 建筑业R&D人员全时当量 |
| | | 建筑业R&D人员数 |
| | | 建筑业硕士以上学历占R&D人员数 |
| | | 建筑业R&D经费投入强度 |
| | 资源产出 | 企业总产值 |
| | | 固定资产净值 |
| | | 存货 |
| | | 建筑业获得国家优质工程奖（鲁班奖）的数量 |
| | | 建筑业科技成果数量 |
| | | 绿色建筑标识项目数量 |

[1] R&D为科学研究与试验发展。

续表

| 总目标 | 一级指标 | 二级指标 |
| --- | --- | --- |
| 建筑业转型技术创新提升产能 | 基础环境 | 劳动生产率 |
| | | 从业人员数 |
| | | 技术装备率 |
| | | 建筑业企业个数 |
| | | 通过专业评估高校数量 |
| | | 建筑业总产值 |
| | | 建设工程监理企业 |

**（3）初始评价指标体系说明**

对各种渠道的数据进行调查后，综合考虑各地区的区域差异，通过合理的调整手段或处理方法降低地理面积等给调查数据带来的影响，进而获得更为确切的评价结果。具体的计算方式和指标说明如表4-2所示。

**表4-2　初始评价指标及说明**

| 二级指标 | 单位 | 指标说明 |
| --- | --- | --- |
| 建筑业R&D经费内部支出 | 万元 | 指建筑公司或组织用于研究和开发新技术、产品或服务的支出，这些支出在组织内部进行 |
| 建筑业R&D研究课题经费 | 万元 | 指用于资助建筑业特定研究项目或课题的经费 |
| 建筑业R&D人员全时当量 | 人年 | 指用来衡量建筑公司或组织在研发领域所投入的人力资源 |
| 建筑业R&D人员数 | 人 | 指建筑公司或组织专门从事研究和开发工作的员工数量 |
| 建筑业硕士以上学历占R&D人员数 | 人 | 指建筑业在研发方面的专业化程度和技术能力，以及判断其在技术创新方面的潜力和竞争优势 |
| 建筑业R&D经费投入强度 | % | 指建筑业在研发活动上花费的资金与其整体收入或经济规模的比例 |
| 企业总产值 | 万元 | 指建筑企业在一定时间内生产的总价值 |
| 固定资产净值 | 万元 | 指建筑企业固定资产的账面价值减去折旧后的价值 |
| 存货 | 万元 | 指建筑公司持有并准备销售的物理产品，包括原材料、生产中的半成品和最终产品 |

续表

| 二级指标 | 单位 | 指标说明 |
| --- | --- | --- |
| 建筑业获得国家优质工程奖（鲁班奖）的数量 | 项 | 指建筑行业奖励优秀的建筑工程项目的荣誉 |
| 建筑业科技成果数量 | 项 | 指通过专利、学术论文、新产品推出或实际应用等方式来体现的建筑业科技成果 |
| 绿色建筑标识项目数量 | 项 | 指符合特定环保标准和使用可持续设计原则建造的建筑 |
| 劳动生产率 | 元/人 | 指每单位劳动力投入所创造的建筑业产品或服务数量 |
| 从业人员数 | 人 | 指在建筑行业、公司或领域工作的员工总人数 |
| 技术装备率 | 元/人 | 指建筑业使用的技术设备和工具的程度或比例 |
| 建筑业企业个数 | 个 | 指从事建筑相关工作的公司、承包商、建筑设计公司和其他相关企业 |
| 通过专业评估高校数量 | 所 | 指经过专业机构或组织认证或评估的关于建筑业的高等教育机构 |
| 建筑业总产值 | 万元 | 指建筑行业在一定时期内创造的总价值 |
| 建设工程监理企业 | 个 | 指专门负责对建筑工程进行监理和管理的机构或公司 |

# 第二节　建筑业转型技术创新提升产能评价指标体系优化过程

## 一、基于专家调查法的评价指标体系初步优化

筛选合理性较低的指标、优化指标间结构关系是确定核心指标后顺利构建指标体系的必要手段，适当优化会让整个指标体系更加具有合理性和科学性。在初步得到评价指标体系后，还需对各二级指标进行判断，并作出相应改进。前文评价体系中的19个二级指标还需对其实际性和典型性进一步判定。

本书运用专家调查法对建筑业转型技术创新提升产能评价指标体系进行优化，确保问卷结果有效、合适。本次优化借助专家调查进行更全面、更独立的综合测试，各界专家以不同领域视角、独到的经验、专业知识以及个人理解对建筑业转型技术创新提升产能评价体系进行优化，确保了指标内容的不重复性、对评价体系的全覆盖以及评判过程中主、客观方法的适用性等。

此次优化采取专家问卷调查（详见附录）的形式，邀请了10位相关专家进行面对面咨询访谈并填写了附录相关内容。各界专家对建筑业转型技术创新提升产能评价体系表进行了主观和客观的判断，并提出以下建议。

第一，专家们普遍认为3个一级指标较为可行，涵盖了建筑业转型技术创新提升产能的基本方面，具备独立性以及全面性，但需要加强对指标是否合乎逻辑、概念是否具有典型性的判断。

第二，10位专家一致认为，所设定的建筑业转型技术创新提升产能评价指标是基本科学合理的。这些专家对建筑业转型技术创新提升产能评价指标的明细进行了分析和完善，主要提出了以下几点建议：

① 将“建筑业获得国家优质工程奖（鲁班奖）的数量”指标删除，因为该奖项与工程质量的关系更为密切；

② 由于“建筑业R&D研究课题经费”与“建筑业R&D经费内部支出”存在一定的重叠，考虑到R&D经费内部支出已包括了研究课题经费，建议删除其中一个指标；

③“绿色建筑标识项目数量”在2018年以后不再更新数据，因此建议删除；

④“建筑业R&D经费投入强度”定义范围过广，与其他指标意义上有一定的重叠，故建议删除；

⑤ 基于经验考虑，“通过专业评估高校数量”可能会缺少部分年份或部分地区的相关数据，同时重要程度在整个建筑业转型技术创新提升产能评价指标体系中较低，建议考虑删除。

结合专家的建议，将原指标体系进行纠正，得到修改后的指标体系，如表4-3所示。

表4-3　修正后的建筑业转型技术创新提升产能评价指标

| 总目标 | 一级指标 | 二级指标 |
| --- | --- | --- |
| 建筑业转型技术创新提升产能（A） | 资源投入（B1） | 建筑业R&D经费内部支出（C1） |
| | | 建筑业R&D人员全时当量（C2） |
| | | 建筑业R&D人员数（C3） |
| | | 建筑业硕士以上学历占R&D人员数（C4） |
| | 资源产出（B2） | 企业总产值（C5） |
| | | 固定资产净值（C6） |
| | | 存货（C7） |
| | | 建筑业科技成果数量（C8） |
| | 基础环境（B3） | 劳动生产率（C9） |
| | | 从业人员数（C10） |
| | | 技术装备率（C11） |
| | | 建筑业企业个数（C12） |
| | | 建筑业总产值（C13） |
| | | 建设工程监理企业（C14） |

## 二、基于因子分析法的评价指标体系合理性分析

本书在设计专家意见征询表时，对其信度和效度进行了检验。信度检验用于确定征询表的结果是否具有一致性和可靠性，即通过反复测量同一对象来检查结果的一致性程度，以反映测量工具的信度或可靠性。而效度检验则是用来确定征询表在何种程度上能够准确地反映出需要测量的指标体系的构成。

### （1）信度检验

本书通过整合征询表数据，将19个指标选项编码，并将专家的选择情况设置为1（选择指标）或2（不选择指标）。这样，可以对征询表整体的信度进行评估。具体结果见表4-4。

表4-4　可靠性统计资料

| 克隆巴赫Alpha系数 | 项目个数 |
| --- | --- |
| 0.883 | 19 |

根据表4-4，本次样本量的整体克隆巴赫Alpha系数达到0.883。通常情况下，当此系数大于0.8时，我们认为通过了可靠性检验，这表明本书收集到的数据具有良好的可靠性。

**（2）效度检验**

本书对结构和内容都进行了效度检验。其中，结构的效度检验是基于理论对征询表结构的相关性进行评估，而内容的效度检验则主要通过经验对征询表进行评估。

在征询表的编制过程中，本书参考了关于建筑业转型、技术创新和建筑业产能提升的文献。征询表的语言和选择条目都设计得简单易懂，勾选方式也方便，专家们能够准确理解并完成征询表。因此，就内容效度而言，本征询表是良好的。

本书采用SPSS软件进行数据录入和数据分析，以进行结构效度检验。具体而言，论文对征询表中的指标进行了因子分析，其结果见表4-5、表4-6和图4-2。

表4-5　解释的总方差

| 成分 | 初始特征值 | | | 提取平方和载入 | | | 旋转平方和载入 | | |
| --- | --- | --- | --- | --- | --- | --- | --- | --- | --- |
| | 合计 | 方差/% | 累积/% | 合计 | 方差/% | 累积/% | 合计 | 方差/% | 累积/% |
| 1 | 4.836 | 25.452 | 25.452 | 4.836 | 25.452 | 25.452 | 4.836 | 25.452 | 25.452 |
| 2 | 3.804 | 20.022 | 45.474 | 3.804 | 20.022 | 45.474 | 3.804 | 20.022 | 45.474 |
| 3 | 2.800 | 14.737 | 60.211 | 2.800 | 14.737 | 60.211 | 2.800 | 14.737 | 60.211 |
| 4 | 2.230 | 11.735 | 71.947 | 2.230 | 11.735 | 71.947 | 2.230 | 11.735 | 71.947 |
| 5 | 1.956 | 10.296 | 82.242 | 1.956 | 10.296 | 82.242 | 1.956 | 10.296 | 82.242 |
| 6 | 1.700 | 8.947 | 91.190 | 1.700 | 8.947 | 91.190 | 1.700 | 8.947 | 91.190 |
| 7 | 0.805 | 4.237 | 95.426 | | | | 0.805 | 4.237 | 95.426 |
| 8 | 0.555 | 2.921 | 98.347 | | | | 0.555 | 2.921 | 98.347 |

续表

| 成分 | 初始特征值 | | | 提取平方和载入 | | | 旋转平方和载入 | | |
|---|---|---|---|---|---|---|---|---|---|
| | 合计 | 方差/% | 累积/% | 合计 | 方差/% | 累积/% | 合计 | 方差/% | 累积/% |
| 9 | 0.314 | 1.653 | 100.000 | | | | 0.314 | 1.653 | 100.000 |
| 10 | $7.599\times10^{-16}$ | $3.999\times10^{-15}$ | 100.000 | | | | $7.599\times10^{-16}$ | $3.999\times10^{-15}$ | 100.000 |
| 11 | $4.532\times10^{-16}$ | $2.385\times10^{-15}$ | 100.000 | | | | $4.532\times10^{-16}$ | $2.385\times10^{-15}$ | 100.000 |
| 12 | $1.982\times10^{-16}$ | $1.043\times10^{-15}$ | 100.000 | | | | $1.982\times10^{-16}$ | $1.043\times10^{-15}$ | 100.000 |
| 13 | $5.918\times10^{-17}$ | $3.115\times10^{-16}$ | 100.000 | | | | $5.918\times10^{-17}$ | $3.115\times10^{-16}$ | 100.000 |
| 14 | $1.708\times10^{-17}$ | $8.991\times10^{-17}$ | 100.000 | | | | $1.708\times10^{-17}$ | $8.991\times10^{-17}$ | 100.000 |
| 15 | $-1.816\times10^{-16}$ | $-9.559\times10^{-16}$ | 100.000 | | | | $-1.816\times10^{-16}$ | $-9.559\times10^{-16}$ | 100.000 |
| 16 | $-2.510\times10^{-16}$ | $-1.321\times10^{-15}$ | 100.000 | | | | $-2.510\times10^{-16}$ | $-1.321\times10^{-15}$ | 100.000 |
| 17 | $-3.141\times10^{-16}$ | $-1.653\times10^{-15}$ | 100.000 | | | | $-3.141\times10^{-16}$ | $-1.653\times10^{-15}$ | 100.000 |
| 18 | $-5.366\times10^{-16}$ | $-2.824\times10^{-15}$ | 100.000 | | | | $-5.366\times10^{-16}$ | $-2.824\times10^{-15}$ | 100.000 |
| 19 | $-6.483\times10^{-16}$ | $-3.412\times10^{-15}$ | 100.000 | | | | $-6.483\times10^{-16}$ | $-3.412\times10^{-15}$ | 100.000 |

提取方法：主成分分析。

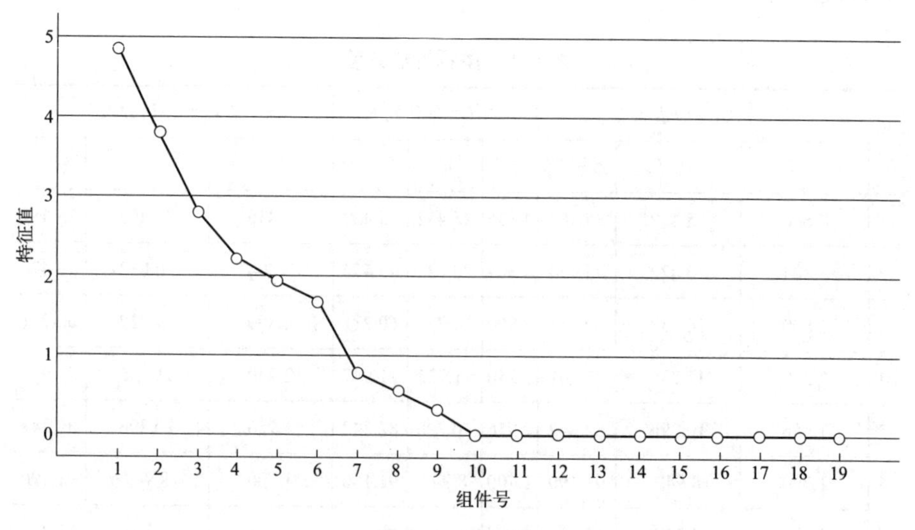


图4-2　碎石图

较好。

表4-6　旋转成分矩阵

| | 成分 | | |
|---|---|---|---|
| | 1 | 2 | 3 |
| 建筑业R&D经费内部支出/万元 | −0.180 | 0.706 | 0.468 |
| 建筑业R&D研究课题经费/万元 | −0.314 | −0.259 | 0.711 |
| 建筑业R&D人员全时当量/人年 | 0.878 | 0.229 | −0.349 |
| 建筑业R&D人员数/人 | −0.172 | −0.533 | −0.229 |
| 建筑业硕士以上学历占R&D人员数/人 | 0.832 | 0.067 | 0.198 |
| 建筑业R&D经费投入强度/% | 0.485 | −0.735 | 0.111 |
| 企业总产值/万元 | −0.477 | 0.227 | −0.478 |
| 固定资产净值/万元 | 0.761 | −0.001 | −0.082 |
| 存货/万元 | −0.058 | −0.546 | −0.053 |
| 建筑业获得国家优质工程奖的数量/项 | −0.626 | 0.358 | 0.106 |
| 建筑业科技成果数量/项 | −0.832 | −0.067 | −0.198 |
| 绿色建筑标识项目数量/项 | 0.558 | −0.588 | 0.258 |
| 劳动生产率/（元/人） | 0.524 | 0.702 | 0.089 |
| 从业人员数/万人 | 0.276 | −0.278 | 0.640 |
| 技术装备率/（元/人） | −0.167 | −0.071 | −0.093 |
| 建筑业企业个数/个 | 0.039 | 0.424 | 0.811 |
| 通过专业评估高校数量/所 | −0.348 | −0.566 | −0.017 |
| 建筑业总产值/万元 | −0.178 | 0.527 | 0.146 |
| 建设工程监理企业/个 | 0.487 | 0.419 | −0.625 |

提取方法：主成分。
旋转法：具有Kaiser标准化的正交旋转法。

从表4-6来看，总方差解释率达到91.2%，表明征询表的结构效度较好。

## 三、相关性分析

本书对构建的初步指标体系进行相关性分析，衡量所选取的体现建筑业转型技术创新指标与体现建筑业产能提升指标间相关关系的强弱，同时也能够对建筑业转型技术创新与产能提升之间的关联性进行进一步论证。

本书通过对指标体系进行相关性分析，进而衡量所选取的体现建筑业转型技术创新指标与体现建筑业产能提升指标之间的相关关系强弱。这样的分析不仅有助于进一步论证建筑业转型技术创新与产能提升之间的关联性，也提供了对这些关系的定量评估方法。

在相关性分析中，本书使用了简单相关系数$r$度量两个变量之间的线性关系程度。定义式为

$$r(X,Y)=\frac{\mathrm{Cov}(X,Y)}{\sqrt{\mathrm{Var}[X]\mathrm{Var}[Y]}} \tag{4.1}$$

本书运用Stata18软件，对指标体系中的变量相关性进行检验与统计，详见表4-7。

从表4-7中的相关性验证结果可以看出，大多数变量之间的相关性是显著的，并且大多数相关系数都在0.8以上，表明变量之间的相关性非常强。然而，技术装备率与其他变量之间的相关性不显著，相关系数较小，最高仅约为0.2。尽管如此，鉴于技术装备率反映了机械设备在建筑行业生产活动中的作用，本书决定保留并使用这一指标。

表4-7 相关性验证

| | C1 | C2 | C3 | C4 | C5 | C6 | C7 | C8 | C9 | C10 | C11 | C12 | C13 | C14 |
|---|---|---|---|---|---|---|---|---|---|---|---|---|---|---|
| C1 | 1 | | | | | | | | | | | | | |
| C2 | 0.951*** | 1 | | | | | | | | | | | | |
| C3 | 0.800*** | 0.798*** | 1 | | | | | | | | | | | |
| C4 | 0.842*** | 0.712*** | 0.658*** | 1 | | | | | | | | | | |
| C5 | 0.912*** | 0.816*** | 0.719*** | 0.887*** | 1 | | | | | | | | | |
| C6 | 0.805*** | 0.799*** | 0.656*** | 0.687*** | 0.814*** | 1 | | | | | | | | |
| C7 | 0.936*** | 0.860*** | 0.751*** | 0.871*** | 0.989*** | 0.860*** | 1 | | | | | | | |
| C8 | 0.863*** | 0.777*** | 0.667*** | 0.900*** | 0.888*** | 0.769*** | 0.893*** | 1 | | | | | | |
| C9 | 0.337*** | 0.193*** | 0.241*** | 0.476*** | 0.439*** | 0.242*** | 0.419*** | 0.403*** | 1 | | | | | |
| C10 | 0.631*** | 0.737*** | 0.521*** | 0.421*** | 0.580*** | 0.801*** | 0.644*** | 0.544*** | −0.128** | 1 | | | | |
| C11 | 0.007 | −0.048 | −0.029 | 0.102* | 0.038 | −0.028 | 0.004 | 0.053 | 0.179*** | −0.241*** | 1 | | | |
| C12 | 0.753*** | 0.798*** | 0.643*** | 0.622*** | 0.724*** | 0.894*** | 0.786*** | 0.689*** | 0.079 | 0.841*** | −0.117** | 1 | | |
| C13 | 0.807*** | 0.836*** | 0.659*** | 0.655*** | 0.805*** | 0.914*** | 0.853*** | 0.738*** | 0.146*** | 0.929*** | −0.158*** | 0.878*** | 1 | |
| C14 | 0.768*** | 0.797*** | 0.632*** | 0.656*** | 0.706*** | 0.793*** | 0.757*** | 0.688*** | 0.113** | 0.754*** | −0.138** | 0.878*** | 0.810*** | 1 |

注：***、**、*分别表示在1%、5%和10%显著性水平下显著。

## 本章小结

本章主要介绍了建筑业转型技术创新提升产能评价指标体系的构建过程，该指标体系的构建遵循合理性、结果导向性和可行性原则，从资源投入、资源产出、基础环境这三个维度分析提炼出含有19个二级指标的建筑业转型技术创新提升产能评价指标体系。通过问卷调查法、因子分析法和相关性分析进行指标体系优化，最终确定了一套适用于建筑业转型的技术创新提升产能评价指标体系。

# 第五章　建筑业转型技术创新提升产能评价与时空演化的理论方法

## 第一节　评价的理论方法

### 一、评价方法的选择

目前对于评价而言常用的方法主要有模糊综合评价法、ANP网络法、物元模型等几种。模糊综合评价法是运用模糊隶属度原理将定性问题定量化，运用最大模糊隶属度对有多个因素影响的目标进行评价。层次分析法可以运用于分析一个复杂系统，将定性与定量分析结合，通过决策者的经验判断各衡量目标实现的权重，然后基于这些权重评估每个决策方案的优劣，以确定最佳方案，能够比较有效地解决多目标的复杂问题。ANP网络分析法在层次分析法的基础之上采用相对标度的形式，是一种适应非独立递阶层次结构的决策方法，考虑到了各因素或相邻层次之间的相互影响，能够推出跨层次之间的相互关系。物元模型以最大程度满足系统核心需求为目标，通过运用系统物元变换、结构调整等方式，处理系统中不相容的问题，进而进行评价。蒙特卡罗方法，也称为统计模拟法，是通过与一定概率模型相关联来求解问题的方法。它利用电子计算机进行统计模拟或抽样，以获得问题的近似解。突变级数法结合模糊数学分析其系统状态从稳定到不稳定的过程来对整个体系作出相应评价，通过其突变阈值大小来反映系统的稳定状态，进而作出评价。

将以上几种方法的优缺点及其适用范围总结如表5-1所示。

**表5-1　评价方法对比**

| 评价方法 | 优点 | 缺点 | 适用范围 |
|---|---|---|---|
| 模糊综合评价法 | 结果表达明确，结构完整，能有效地将定性的评价转化为量化的数据，使评估结果更易于理解和比较 | 隶属度变化时，评价结果的波动性没有得到充分利用，评价过程中的主观性较强，可能导致评价结果不够客观和准确 | 影响因素的性质及活动难以进行量化的评价 |
| 层次分析法 | 将定性的评价指标转化为定量的评价指标 | 未能充分考虑不同决策层之间以及同一层次之间的相互影响 | 各因素之间及各层级之间没有交叉作用 |
| ANP网络分析法 | 具有较高的灵活性，能够全面考虑各因素以及它们之间的依赖关系，并据此作出相应的调整 | 复杂决策过程的运用较为麻烦 | 运算强度小以及风险评价问题相对确定 |
| 物元模型 | 指标灵活，评价过程简单，评价结果更系统精细 | 指标为相对确定的值 | 指标确定的多个评价对象的多个阶段评价 |
| 蒙特卡罗法 | 误差与问题不受维度数量的影响；具有统计性质的问题可直接解决；连续性的问题无须进行离散化处理 | 无法全面反映项目风险因素之间的相互影响关系；对于确定性问题需要转化成随机性问题 | 评价问题相对简单而确定 |
| 突变级数法 | 可用于分析影响因素复杂及产生突变点不明确的指标体系；不过度依赖权重 | 考虑其模型特点，因此对风险等级区间的界定较为困难 | 适用研究内部结构复杂或内部因素相互作用机理未知的系统 |

突变级数法由于其评价应用性强、评价结果清晰等特点被广泛应用于各领域评价中，本书选用突变级数法作为评价方法主要有以下原因。

第一，建筑业作为一个复杂巨系统，具有环境、社会、经济等多子系统，各个子系统间又相互作用、相互影响，具有整体性、复杂性的特点。而突变级数法擅长处理多指标的综合评价问题，能够较好地完成建筑业转型技术创新提升产能的评价模型的构建。

第二，突变级数法无须为评价指标设定权重，仅需对评价指标的相对重要程度进行排序，这有效避免了主观因素干扰，使得分析过程和结果更客观。此外，突变级数法还考虑到了各指标之间的关联性，通过分析突变阈值的高低来确定系统的稳定性，从而能够做出更为准确的评价。

第三，在建筑业转型技术创新提升产能评价中，以建筑业作为一个系统，建筑业受到冲击时会产生突变，该过程符合突变级数法的使用原理。突变级数法的原理清晰，操作简单明了，能够较好地解决建筑业转型技术创新提升产能评价问题。

第四，突变模型具备滞后性，与建筑业系统受到冲击后的变化过程相吻合。建筑业转型技术创新带来的产能提升受到冲击后的变化并非直线式，而是在冲击累积到一定程度后，建筑业系统才会产生突然的变化，该种变化具备一定的滞后性，与突变模型的特点相匹配。

## 二、突变理论的基本原理

### （一）突变理论

突变理论研究的是系统状态的变态与跳跃，是研究不连续现象的一个新兴数学分支。以往人们常使用微分方程模型来描述自然现象，但微分方程只适宜描述连续变化现象，不适宜描述不连续现象，而突变模型能够较好地研究突变现象，是研究系统序演化的有力数学工具。突变理论是通过构建数学模型来描述事物发展过程中连续性行动突然中断并导致质变的过程，其构建的函数模型被称为势函数，每个势函数能够反映相应系统的状态。

在动态系统中，势函数可以用于描述系统趋向的能力，其势由系统内部各组成部分之间的关系、相互作用以及系统与外部环境的相对关系决定。突变论将势函数的变量分为两类：行为变量或状态变量（内部变量）和控制变量（外部变量）。在系统的初始稳定状态下，势函数只有一个极值点，状态变化平滑。但当内部变量和控制变量发生变化，势函数曲线会出现转折点，导致多个极值点出现，表明系统从稳定状态转为不稳定状态。为了分析突变前的变量参数区间，可以利用突变理论。法国数学家勒内·托姆在研究势函数后，提出了8种常见的突变函数模型，详见表5-2。

表5-2 基本初等突变函数模型

| 突变类型 | 状态变量数 | 控制变量数 | 势函数 |
| --- | --- | --- | --- |
| 折叠突变 | 1 | 1 | $F(x)=x^3+ax$ |
| 尖点突变 | 1 | 2 | $F(x)=x^4+ax^2+bx$ |
| 燕尾突变 | 1 | 3 | $F(x)=x^5+ax^3+bx^2+cx$ |
| 蝴蝶突变 | 1 | 4 | $F(x)=x^6+ax^4+bx^3+cx^2+dx$ |
| 棚屋突变 | 1 | 5 | $F(x)=x^7+ax^5+bx^4+cx^3+dx^2+ex$ |
| 双曲脐点突变 | 2 | 3 | $F(x，y)=x^3+y^3+axy-bx+cy$ |
| 椭圆脐点突变 | 2 | 3 | $F(x，y)=\frac{1}{3}x^3-xy^2+a(x^2+y^2)-bx$ |
| 抛物脐点突变 | 2 | 4 | $F(x，y)=y^4+x^2y+wx^2+ay^2-bx$ |

建筑业转型技术创新提升产能评价指标体系的各层指标对应的上级指标均只有1个，且模型应与指标体系的结构相对应，因此本书适合运用的函数模型为蝴蝶突变模型。

蝴蝶突变模型中包含了1个状态变量和4个控制变量，由表5-1可知蝴蝶突变的势函数表达式为

$$F(x)=x^6+ax^4+bx^3+cx^2+dx \tag{5.1}$$

式（5.1）中，将$x$设为状态变量，$a$、$b$、$c$、$d$设为控制变量，$F(x)$表示系统状态，同时也表示状态变量为$x$时整个系统的势能状况。

对式（5.1）进行求导，得到其导函数方程，令导函数方程等于零，即可得到蝴蝶突变模型的临界点方程，也被称为平衡超曲面方程，其表达式为

$$U=F'(x)=6x^5+4ax^3+3bx^2+2cx+d=0 \tag{5.2}$$

诸如本书所构建的指标体系中的部分指标，一级指标“资源产出（B2）”与二级指标“企业总产值（C5）”“固定资产净值（C6）”“存货（C7）”“建筑业科技成果数量（C8）”之间的关系模型，便是突变理论中所对应的蝴蝶模型。公式（5.2）中$x$表示状态变量“资源产出（B2）”的状态参数，若指标权重大小关系为“企业总产值（C5）”＞“固定资产净值（C6）”＞“存货（C7）”＞“建筑业科技成果数量（C8）”，参照突变级数计算方式，控制变量$a$、$b$、$c$、$d$与一级指标“资源产出（B2）”下的二级

指标应按照其权重从大到小依次对应，因此$a$、$b$、$c$、$d$分别表示控制变量“企业总产值（C5）”“固定资产净值（C6）”“存货（C7）”以及“建筑业科技成果数量（C8）”的状态参数。

对式（5.2）求二阶导并使其等于零即可得到奇点集方程，其表达式为

$$S = F''(x) = 30x^4 + 12ax^2 + 6bx + 2c = 0 \tag{5.3}$$

式中各字母所代表的内容与式（5.2）相同，对式（5.1）求三阶导、四阶导再与式（5.3）、式（5.2）联立消除$x$即可得到突变模型的分歧点集方程，其表达式为

$$\begin{cases} a = -15x^2 \\ b = 40x^3 \\ c = -45x^4 \\ d = -24x^5 \end{cases} \tag{5.4}$$

式（5.4）表示当控制变量$a$、$b$、$c$、$d$满足此公式，即“企业总产值（C5）”“固定资产净值（C6）”“存货（C7）”“建筑业科技成果数量（C8）”的状态参数满足此公式时，系统状态会从稳定突变为不稳定状态。

### （二）层次分析法基本原理

本次分析选取层次分析法进行指标权重的研究，首先是由于层次分析法所具备的系统性、灵活性、实用性等特性适用于建筑业转型技术创新提升产能评价指标权重的确定，其次是由于可运用层次分析法对特征进行主观定性，能够很好地将专家的思维过程数学化、系统化。

其基本思路是采用先分解后综合的策略，整理和综合人们的主观判断，将主观判断转化为可量化的依据。运用层次分析法确定建筑业转型技术创新提升产能评价指标权重的基本步骤如下。

**（1）构建层次模型**

通过分析评价对象，将评价对象分解为多个层次，构建出层次结构模型。本书中层次结构模型即为前面确定的建筑业转型技术创新提升产能指标体系：最高层为目标层，即建筑业转型技术创新提升产能建设；准则层为一级指标构成；方案层为二级指标。

（2）形成判断矩阵

通过专家对各级指标内部的重要性比较打分形成相应的判断矩阵。

（3）计算最终权重

计算判断矩阵的特征根及特征向量，其中其特征向量即为对应排序的各指标权重。此外还需检验判断矩阵的一致性是否能达到要求，主要通过特征根的随机一致性检验来完成，一般要求一致性比率应小于0.1，若大于0.1则不能通过一致性检验，需重新计算判断矩阵直至一致性比率满足要求。

## 三、构建建筑业转型技术创新提升产能评价模型

### （一）获取及处理数据

#### 1. 数据获取

本部分以建筑业转型技术创新提升产能评价指标体系作为基础，通过国家统计局、各省统计局、各省城市建设统计年鉴和卫生统计年鉴等官方权威渠道收集的相关数据，作为建筑业转型技术创新提升产能评价的初始数据。为了避免地区间人口和区域面积对评价结果的影响，需要对获取的初始数据进行预处理，保障数据的真实性，并进行筛选整理，保障数据的可靠性。

#### 2. 数据处理

由于构建的建筑业转型技术创新提升产能评价指标体系各个指标的计算方法存在差异，正向指标与负向指标对数据的要求不同，所以需要先对数据进行规范化处理，采用极差变换法将各种类型的指标无量纲化，使得最后得到的数据具有可比性，以此来保障评价结果的真实性与可比性。

极差变换法具体分为两类，其中针对正向指标对应的数据可以按以下公式进行处理：

$$y_j = \frac{x_j - x_{j\min}}{x_{j\max} - x_{j\min}} \tag{5.5}$$

针对负向指标对应的数据可以按以下公式进行处理：

$$y_j = \frac{x_{j\max} - x_j}{x_{j\max} - x_{j\min}} \tag{5.6}$$

针对区间最优型指标对应的数据，可以按以下公式进行处理：

$$y_j = \begin{cases} 1 - \dfrac{a - x_j}{a - x_{\min}}, (x_{\min} \leqslant x_j < a) \\ 1, \left(a \leqslant x_j \leqslant b\right) \\ 1 - \dfrac{x_j - b}{x_{\max} - b}, (b < x_j \leqslant x_{\max}) \end{cases} \tag{5.7}$$

式中，$x_j$为原始的指标值；$x_{j\max}$为指标最大值；$x_{j\min}$为指标最小值；$y_j$为经变换后指标值；最优区间为$[a, b]$。

### （二）计算指标权重

指标权重应用在整个评价过程中，为了确保权重确定方法与综合评价模型的契合度，并保证权重确定的系统性，选择采用层次分析法计算指标权重。前文构建的建筑业转型技术创新提升产能评价指标体系已实现层次化，目前仅需从目标层到要素层依次对应指标体系结构建立层次模型进行指标权重的确定即可。对于层次分析模型的构建主要为以下几个步骤。

（1）以建筑业转型技术创新提升产能评价影响因素为集合元素组成一个评价因素集$\boldsymbol{U}$：

$$\boldsymbol{U} = \{u_1,\ u_2,\ \cdots,\ u_m\}$$

各元素$u_i$（$i = 1, 2, \cdots, m$）代表各影响因素。

（2）构建建筑业转型技术创新提升产能评价指标的评价集，即由确定建筑业转型技术创新提升产能的专家对评判对象的重要性做出的评判结果所组成的集合$\boldsymbol{V}$：

$$\boldsymbol{V} = \{v_1,\ v_2,\ \cdots,\ v_n\}$$

各元素$v_i$（$i = 1, 2, \cdots, n$）代表各自的评判结果。

（3）运用层次分析法计算各评价指标的权重，并建立权重集。

① 本文的研究目标之间没有出现强烈重要或极端重要的状况，因此只需采用1～5标度法来评判各指标的重要度即可构建判断矩阵，重要性分值表及判断矩阵如表5-3、表5-4所示。

**表5-3　重要性描述分值表**

| 分值$a_{ij}$ | 定义 |
| --- | --- |
| 1 | 因素$i$与因素$j$重要程度一致 |
| 3 | 因素$i$与因素$j$相比稍微重要 |
| 5 | 因素$i$与因素$j$相比明显重要 |
| 2，4 | 相邻重要值的中间量 |
| 各分值倒数 | 因素$j$与因素$i$的评判数值为因素$i$与因素$j$评判数值的倒数 |

**表5-4　两两判断矩阵**

| $Hs$ | $I_1$ | $I_2$ | … | $I_n$ |
| --- | --- | --- | --- | --- |
| $J_1$ | $J_1/I_1$ | $J_1/I_2$ | … | $J_1/I_n$ |
| $J_2$ | $J_2/I_1$ | $J_2/I_2$ | … | $J_2/I_n$ |
| … | … | … | … | … |
| $J_n$ | $J_n/I_1$ | $J_n/I_2$ | … | $J_n/I_n$ |

② 计算评价指标体系中指标的相对权重。

第一步，计算判断矩阵每行所有元素的几何平均值$\overline{W_i}$：

$$\overline{W_i}=\sqrt[n]{\prod_{i=j}^{n}a_{ij}} \tag{5.8}$$

式中，每一行$\prod_{i=j}^{n}a_{ij}$是每一行各元素相乘的积。

第二步，将$\overline{W_i}$进行归一化处理得出$W_i$:

$$W_i=\frac{\overline{W_i}}{\sum_{i=1}^{n}\overline{W_i}} \tag{5.9}$$

第三步，通过下列公式运算可得最大特征值$\lambda_{\max}$：

$$\lambda_{\max}=\frac{1}{n}\sum_{i=1}^{n}\frac{(Aw)_i}{w_i} \tag{5.10}$$

式中，$(Aw)_i$表示向量（$\boldsymbol{Aw}$）的第$i$个元素。

③ 计算一致性比率$CI$，其计算公式为

$$CI=\frac{\lambda_{\max}-n}{n-1} \tag{5.11}$$

式中，$n$为判断矩阵阶数，其对应的$n$阶判断矩阵的随机性指标$RI$可查

找表5-5，并通过公式$CR=CI/RI$计算一致性比率，当$CR<0.1$时即认为判断矩阵的一致性满足要求。

表5-5　随机一致性指标表

| $n$ | 1 | 2 | 3 | 4 | 5 | 6 | 7 | 8 | 9 | 10 |
|---|---|---|---|---|---|---|---|---|---|---|
| $RI$ | 0 | 0 | 0.52 | 0.89 | 1.12 | 1.26 | 1.36 | 1.41 | 1.46 | 1.49 |

④ 求得指标$u_i(i=1，2，\cdots，m)$的权重数$w_i(i=1，2，\cdots，m)$后，可以组成指标权重集$\boldsymbol{W}$，$\boldsymbol{W}$用模糊向量表示：

$$\boldsymbol{W}=\{w_1，w_2，\cdots，w_m\}$$

$w_i(i=1，2，\cdots，m)$为因素$w_i$对$W$的隶属度，应满足归一化和非负条件，即：

$$\sum_{i=1}^{m} w_{\mathrm{i}}=1，w_{\mathrm{i}} \geqslant 0$$

⑤ 通过计算各层指标对于目标层的合成权重，对各影响因素进行排序，从而识别出建筑业转型技术创新提升产能影响较大的因素。

## （三）确定突变级数

对底层指标的原始数据进行无量纲化处理，根据选取的突变模型，利用归一化公式计算出各层指标的突变级数值，再逐层向上进行递归运算，最终得到建筑业转型技术创新提升产能的总突变级数。

在选取归一化公式时，需确保状态变量和控制变量的数量与对应的归一化公式相匹配，本书涉及的几种常用对应方式如表5-6所示。

表5-6　常用的归一化公式与状态变量和控制变量对应表

| 突变模型名称 | 状态变量 | 控制变量 | 势函数 | 归一化公式 |
|---|---|---|---|---|
| 折叠突变 | 1 | 1 | $F(x)=x^3+ax$ | $x_a=\sqrt{a}$ |
| 尖点型 | 1 | 2 | $F(x)=x^4+ax^2+bx$ | $x_a=\sqrt{a}$，$x_b=\sqrt[3]{b}$ |
| 燕尾型 | 1 | 3 | $F(x)=x^5+ax^3+bx^2+cx$ | $x_a=\sqrt{a}$，$x_b=\sqrt[3]{b}$，$x_c=\sqrt[4]{c}$ |
| 蝴蝶型 | 1 | 4 | $F(x)=x^6+ax^4+bx^3+cx^2+dx$ | $x_a=\sqrt{a}$，$x_b=\sqrt[3]{b}$，$x_c=\sqrt[4]{c}$，$x_d=\sqrt[5]{d}$ |
| 棚屋型 | 1 | 5 | $F(x)=x^7+ax^5+bx^4+cx^3+dx^2+ex$ | $x_a=\sqrt{a}$，$x_b=\sqrt[3]{b}$，$x_c=\sqrt[4]{c}$，$x_d=\sqrt[5]{d}$，$x_e=\sqrt[6]{e}$ |

突变级数法根据控制变量和内部变量的数量关系，具有不同的突变类型，因此在确定归一化公式后，还需要根据每层指标之间的关系选择相应的突变级数。同层指标之间的关系分为“互补”和“非互补”两种。同层指标之间存在的“互补”关系是指系统内的控制变量之间存在密切关联，一个指标的变化会对另一个指标产生比较显著的影响，选择对应的计算原则，以各层级突变级数值归一化计算后的平均值作为总的突变级数值。例如：若总目标建筑业转型技术创新提升产能下的“资源投入（B1）”“资源产出（B2）”“基础环境（B3）”之间为“互补”关系且权重大小关系为“资源产出（B2）”>“资源投入（B1）”>“基础环境（B3）”，则其突变级数计算公式为

$$a_1 = \frac{1}{3}\left(b_2^{\frac{1}{2}} + b_1^{\frac{1}{3}} + b_3^{\frac{1}{4}}\right) \tag{5.12}$$

式中，$a_1$表示建筑业转型过程中技术创新产能提升的突变级数值；$b_1$表示“资源投入（B1）”突变级数值；$b_2$表示“资源产出（B2）”突变级数值；$b_3$表示“基础环境（B3）”突变级数值。

如果同层指标间存在“非互补”关系，意味着系统各控制变量之间关联性弱，一个指标的变化不会对另一个指标产生影响，则应采用“非互补”原则，总突变级数值是各层级中突变级数值归一化计算后的最小值。例如，若总目标建筑业转型技术创新提升产能的“资源投入（B1）”“资源产出（B2）”“基础环境（B3）”之间为“非互补”关系且权重大小关系为“资源产出（B2）”>“资源投入（B1）”>“基础环境（B3）”，则其突变级数计算公式为

$$a_1 = \min\left\{b_2^{\frac{1}{2}},\ b_1^{\frac{1}{3}},\ b_3^{\frac{1}{4}}\right\} \tag{5.13}$$

式中，$a_1$表示建筑业转型技术创新提升产能的突变级数值；$b_1$表示“资源投入（B1）”突变级数值；$b_2$表示“资源产出（B2）”突变级数值；$b_3$表示“基础环境（B3）”突变级数值。

根据建筑业转型技术创新提升产能评价指标体系间的整体结构以及内部关系，确定了各同层指标间的关系如表5-7所示。

**表5-7　各同层指标内部关系表**

| 指标层级 | 层级内部指标 | 内部关系 |
|---|---|---|
| 一级指标 | B1、B2、B3 | 互补关系 |
| 二级指标 | C1、C2、C3、C4 | 互补关系 |
|  | C5、C6、C7、C8 | 互补关系 |
|  | C9、C10、C11、C12、C13、C14 | 互补关系 |

根据表5-7的指标内部关系表，可得除上述提到的两个公式外本书涉及的其他几种计算公式：

$$o=\frac{1}{3}\left(p_1^{\frac{1}{2}}+p_2^{\frac{1}{3}}+p_3^{\frac{1}{4}}\right) \tag{5.14}$$

式中，$o$表示需计算的突变级数值；$p_1$、$p_2$和$p_3$表示需计算突变级数值对应下层指标的突变级数值；$p_1$、$p_2$和$p_3$对应的指标关系为“互补关系”。$p_1$、$p_2$和$p_3$对应的指标权重大小关系为$p_1$对应的指标权重>$p_2$对应的指标权重>$p_3$对应的指标权重。

$$o=\frac{1}{4}\left(p_1^{\frac{1}{2}}+p_2^{\frac{1}{3}}+p_3^{\frac{1}{4}}+p_4^{\frac{1}{5}}\right) \tag{5.15}$$

式中，$o$表示需计算的突变级数值；$p_1$、$p_2$、$p_3$和$p_4$表示需计算突变级数值对应下层指标的突变级数值。$p_1$、$p_2$、$p_3$和$p_4$对应的指标关系为“互补关系”，且$p_1$、$p_2$、$p_3$和$p_4$对应的指标权重大小关系为$p_1$对应的指标权重>$p_2$对应的指标权重>$p_3$对应的指标权重>$p_4$对应的指标权重。

$$o=\frac{1}{4}\left(p_1^{\frac{1}{2}}+p_2^{\frac{1}{3}}+p_3^{\frac{1}{4}}+p_4^{\frac{1}{5}}\right) \tag{5.16}$$

式中，$o$表示需计算的突变级数值；$p_1$、$p_2$、$p_3$、$p_4$、$p_5$和$p_6$表示需计算突变级数值对应下层指标的突变级数值；$p_1$、$p_2$、$p_3$、$p_4$、$p_5$和$p_6$对应的指标关系为“互补关系”，且$p_1$、$p_2$、$p_3$、$p_4$、$p_5$和$p_6$对应的指标权重大小关系为$p_1$对应的指标权重>$p_2$对应的指标权重>$p_3$对应的指标权重>$p_4$对应的指标权重>$p_5$对应的指标权重>$p_6$对应的指标权重。

在确定了归一化公式以及对应关系原则后，可运用相应的模型进行计算，从最底层指标逐层向上计算即可得到最终的突变级数值。

例如，根据归一化公式以及对应关系原则即可得到“资源投入（B1）”

的突变级数值，若其指标权重大小关系为“建筑业硕士以上学历占R&D人员数（C4）”>“建筑业R&D经费内部支出（C1）”>“建筑业R&D人员全时当量（C2）”>“建筑业R&D人员数（C3）”其计算公式如下所示：

$$b_1=\frac{1}{4}\left(c_4^{\frac{1}{2}}+c_1^{\frac{1}{3}}+c_2^{\frac{1}{4}}+c_3^{\frac{1}{5}}\right) \tag{5.17}$$

式中，$b_1$为一级指标“资源投入（B1)”的突变级数值；$c_1$为一级指标“资源投入（B1)”下指标“建筑业R&D经费内部支出（C1）”的无量纲化原始数据；$c_2$为一级指标“资源投入（B1)”下指标“建筑业R&D人员全时当量（C2）”的无量纲化原始数据；$c_3$为一级指标“资源投入（B1)”下指标“建筑业R&D人员数（C3）”的无量纲化原始数据；$c_4$为一级指标“资源投入（B1)”下指标“建筑业硕士以上学历占R&D人员数（C4）”的无量纲化原始数据。

以此分别计算得出相应的各一级指标的突变级数值，然后再根据计算得出的一级指标突变级数值依次向上层计算，例如，若指标权重大小关系为“资源产出（B2)”>“资源投入（B1)”>“基础环境（B3)”，则其计算公式如下：

$$a=\frac{1}{3}\left(b_2^{\frac{1}{2}}+b_1^{\frac{1}{3}}+b_3^{\frac{1}{4}}\right) \tag{5.18}$$

式中，$a$为总目标“建筑业转型技术创新提升产能（A）”的突变级数值；$b_1$为总目标“建筑业转型技术创新提升产能（A）”指标下的“资源投入（B1)”突变级数值；$b_2$为总目标“建筑业转型技术创新提升产能（A）”指标下的“资源产出（B2)”突变级数值；$b_3$为总目标“建筑业转型技术创新提升产能（A）”指标下的“基础环境（B3)”突变级数值。

## 第二节　空间分析理论

空间分析主要是对地理空间现象进行定量研究，通过对空间数据和空间模型的联合分析来获取空间目标的潜在信息。空间目标的基本信息主要包括空间的位置、形态、分布、方位等，其相对关系组成了空间目标的空间关系，反映了研究对象在地理上的联系，也是空间分析的基础。随着信息化时代的到来，计算机技术与地图学、地理学的结合，使得空间分析技术产生了突飞猛进的发展，利用计算机技术分析地图、获取信息、支持空间决策，为人们展示了更为广阔的应用领域。在本书中，将运用空间分析理论探究我国建筑业转型技术创新提升产能的情况，通过空间分析的图层理论更为直观地展示我国建筑业转型技术创新对产能提升的作用强度，运用计量地理学的相关知识进行分析，提出更具针对性的建筑业产能提升策略。

## 一、技术创新提升产能的空间分析图层理论

空间分析是地理信息系统的核心，地图图层是指在地理信息系统中，将空间信息按照其几何特征及属性划分而成的专题数据。在空间分析中，图层理论的应用思想来源于1962年菲利普·列维斯的一次实践。菲利普·列维斯在评价景观自然资源时，将每一个景观要素设置为一个图层，通过图层的叠加整合，展现出整体的特质，而图层理论正是该思想的延伸。在地理信息系统中，具有两种图层，分别为“矢量图层”和“栅格图层”，根据图层不同，有矢量空间分析和栅格空间分析两种空间分析方法。根据建筑业转型技术创新提升产能评价的数据特征，本书主要应用了矢量空间分析方法对我国建筑业转型技术创新提升产能进行分析。

### （1）叠加分析

叠加分析是指在同一区域中，将具有相同空间参考的系统数据进行一系列运算，从而产生新数据的过程。根据图层在地理信息系统中的定义，这里的数据也可以理解为地图图层所包含的专题数据，新生成的数据综合了原图层的相关属性特征，能够反映原图层空间特征和专属属性之间的相互关系，能够发现多层数据之间的差异、联系、变化等特征。常见的叠加分析方式主要有点与多边形叠加、线与多边形叠加和多边形之间叠加等，不同叠加方式产生的新数据反映的特征有所不同，利用GIS软件可以在每个要素上赋予与空间目标有关的属性特征，便于得到相关研究结论。本文主要应用叠加分析的方式确定我国建筑业转型技术创新提升产能等级，发

现不同区域间的差异与联系，从而确定适合于我国建筑业产能提升的策略。

（2）对比分析

在地理信息系统中运用对比分析原理，可以得到不同空间目标之间的差异，便于后续的综合分析运用。主要的对比分析手段包括数据对比分析和矢量对比分析两种。数据对比分析用于分析空间数据之间的差异，便于变化检测与自动更新，一定程度上避免了由于数据误差而造成的分析错误。矢量对比分析用于分析空间实体的差异和相似性，能够综合对比矢量数据的属性信息和特征，可用于辨别和分析不同来源数据的差异实体。

（3）网络分析

在地理信息系统中，网络分析是依据空间目标的网络拓扑关系考察网络元素的空间及属性数据，并使用数学理论模型对网络的性能特征进行分析计算的过程。网络分析的目的是研究一项网络工程如何安排，能够使其运行效果最佳，在生产、社会、经济活动中十分常见。网络分析可以对城市基础设施网络（如城市电力系统网络、城市给排水网络、城市通信网络等）建立对应的网络数据集，并利用GIS软件对其进行地理分析和模型化，从而开展研究。

## 二、技术创新提升产能的空间分析计量地理学

计量地理学是一门方法论学科，该学科运用数学方法和计算机应用技术建立地理模型，定量分析地理要素间的关系，能够模拟地理系统的时空演化过程，从而为人地关系的优化调控提供科学依据。随着计量地理学的不断发展，该学科与数学模型、计算方法、3S技术结合在一起，演变成为一种使用计算机技术处理复杂数据、进行综合性研究的方法论体系。现代计量地理学中的空间统计分析应用范围广泛，能够通过空间位置建立数据间的统计关系，从数据中挖掘与地理位置相关的数据间的空间依赖、空间关联或空间自相关等规律，为人地关系的优化提供数据支撑。

在建筑业转型技术创新提升产能的研究中，借用空间数据统计分析方法，能够揭示城市空间的演变规律，为建筑业转型技术创新提升产能提供科学依据。经典统计分析方法的基本出发点是样本独立假设，而在建筑业

转型技术创新提升产能的空间分析中，城市空间的数据间存在某种空间联系和关联性，无法直接用经典的统计分析方法揭示与地理位置相关的空间数据关联和依赖性。因此需要在经典统计分析技术的基础上进行修改，使其能够适用于空间数据的统计分析。

### （一）空间权重矩阵

空间权重矩阵可以有效表达空间关系。它是用量化的方法表示数据之间的“空间结构”，是探索性空间数据分析的前提和基础。

空间权重矩阵$W$，描述了$n$个个体之间的空间依赖关系。其中$W_{ij}$代表空间中个体$i$对个体$j$的影响程度，可以根据邻近标准或者距离标准来度量。

$$W=\begin{bmatrix} W_{11} & W_{12} & \cdots & W_{1n} \\ W_{21} & W_{22} & \cdots & W_{2n} \\ \vdots & \vdots & & \vdots \\ W_{n1} & W_{n2} & \cdots & W_{nn} \end{bmatrix} \tag{5.19}$$

确定空间权重矩阵的常用规则主要有以下两种：

#### （1）简单的二进制邻接矩阵

$$\omega_{ij}=\begin{cases} 1 & \text{当区域}i\text{和}j\text{相邻接} \\ 0 & \text{其他} \end{cases} \tag{5.20}$$

#### （2）基于距离的二进制空间权重矩阵

$$\omega_{ij}=\begin{cases} 1 & \text{当区域}i\text{和}j\text{的距离小于}d\text{时} \\ 0 & \text{其他} \end{cases} \tag{5.21}$$

### （二）全局空间自相关

Moran指数和Geary系数是两个用来度量空间自相关的全局指标。其中，Moran指数反映的是空间邻接或空间邻近的区域单元属性值的相似程度，而Geary系数与Moran指数存在负相关关系。

如果$x_i$是位置（区域）$i$的观测值，则该变量的全局Moran指数$I$，用如下公式计算：

$$I=\frac{n\sum_{i=1}^{n}\sum_{j=1}^{n}w_{ij}(x_i-\overline{x})(x_j-\overline{x})}{\sum_{i=1}^{n}\sum_{j=1}^{n}w_{ij}\sum_{i=1}^{n}(x_i-\overline{x})^2}=\frac{\sum_{i=1}^{n}\sum_{j=1}^{n}w_{ij}(x_i-\overline{x})(x_j-\overline{x})}{S^2\sum_{i=1}^{n}\sum_{j=1}^{n}w_{ij}} \tag{5.22}$$

式中，$I$为Moran指数；$S^2=\frac{1}{n}\sum_{i=1}^{n}(x_i-\overline{x})^2;\overline{x}=\frac{1}{n}\sum_{i=1}^{n}x_i$。

Geary系数$C$计算公式如下：

$$C=\frac{(n-1)\sum_{i=1}^{n}\sum_{j=1}^{n}w_{ij}(x_i-\overline{x})^2}{2\sum_{i=1}^{n}\sum_{j=1}^{n}w_{ij}\sum_{i=1}^{n}(x_i-\overline{x})^2} \tag{5.23}$$

式中，$C$为Geary系数；其他变量同式（5.22）。

Moran指数 $I$ 的取值一般在−1~1之间，小于0表示负相关，等于0表示不相关，大于0表示正相关；Geary系数$C$的取值一般在0~2之间，大于1表示负相关，等于1表示不相关，小于1表示正相关。

对于Moran指数$I$常用标准化统计量$Z$来检验$n$个区域是否存在空间自相关关系，$Z$的计算公式为

$$Z=\frac{I-E(I)}{\sqrt{\mathrm{Var}(I)}} \tag{5.24}$$

在实际的空间自相关关系分析中，需要对这种关系的显著性进行检验，通常采用以下三种方法，更好地理解空间数据的自相关性质。

第一种方法基于正态分布的假设。当一个随机变量服从正态分布时，其概率密度函数呈现出钟形曲线。在大样本的情况下，如果数据遵循正态分布，那么我们可以通过计算$Z$值来判断空间自相关的显著性。这种方法要求样本量足够大，以确保正态分布的假设成立。

第二种方法是随机化方法。如果区域单元的观测值与位置是完全无关的，在随机化过程中，$Z$值会逐渐趋近于标准正态分布。通过比较原始数据与随机化数据的$Z$值，判断空间自相关的显著性。这种方法对于小样本数据特别有效，因为它不需要样本量很大就能得出可靠的结论。

第三种方法是置换方法。这种方法假设观测值在空间中的出现是等可

能的，即它们可以在任何位置上重新排列而不改变其统计性质。通过置换所有区域单元的观测值并计算$Z$值，得到一系列不同的统计量值。通过分析这些值的均值和方差，判断空间自相关的显著性。

如果$Z$值为正且显著，那么存在正的空间自相关；如果$Z$值为负且显著，那么存在负的空间自相关；如果$Z$值为零，那么观测值呈独立随机分布，区域单元的观测值相互独立。

### （三）局部空间自相关

在对全局空间自相关进行评估时，Moran指数和Geary系数可能会因为忽略空间过程中的潜在不稳定性而产生误导。为了更准确地理解空间数据的局部特征和变化，需要进一步采用局部空间自相关分析。这种分析方法可以揭示哪些区域单元对全局空间自相关有较大贡献，并深入探索局部空间集聚现象的存在和影响。

Moran散点图是一种非常有效的工具，它通过直观的图形展示了空间数据的局部不稳定性和区域单元之间的空间联系。在Moran散点图中，每个点都代表一个区域单元，并根据其观测值和空间滞后因子的关系被放置在相应的位置上。四个象限分别代表了四种不同的空间联系形式，每个象限内的点都具有相似的空间特征和关联性。第一象限表示高观测值的区域单元被同样高观测值的区域所包围，这表明这些区域单元之间存在正的空间自相关；第二象限表示低观测值的区域单元被高观测值的区域所包围，显示了一种负的空间自相关；第三象限表示低观测值的区域单元被同样低观测值的区域所包围，呈现了一种聚集的局部特征；而第四象限则表示高观测值的区域单元被低观测值的区域所包围，显示了一种异常或反常的空间联系。

为了更准确地识别显著的局部空间自相关区域，将Moran散点图与LISA显著性水平相结合。通过这种方法生成Moran显著性水平图，图中清晰地显示出显著的LISA区域，并进一步标识出它们所属的Moran散点图象限。这种综合分析方法提供了一种全面了解空间数据局部特征和空间自相关显著性的有效手段，从而更好地揭示空间数据的内在结构和模式。通过深入探索局部空间自相关的特征和规律，更好地理解空间数据的变化趋势和潜在机制，为相关研究和应用提供更有价值的见解和指导。

## 本章小结

本章首先介绍了建筑业转型技术创新提升产能评价模型构建的相关理论方法，在研究当前主流评价方法的基础上，根据建筑业转型技术创新的特征与内涵，选择突变级数法构建技术创新提升产能的评价模型，并介绍了建筑业转型技术创新研究中所涉及的时空演化分析相关理论，为后续建筑业转型技术创新提升产能时空演化研究提供理论方法。

# 第六章　实证区域数据分析——我国建筑业转型技术创新提升产能指标数据

## 第一节　我国建筑业转型技术创新提升产能数据分析

### 一、数据来源及处理

我国建筑业转型技术创新提升产能测评问题研究的原始数据主要从国家统计局、各省份统计局以及各省份城市建设统计年鉴和卫生统计年鉴等官方渠道获取权威数据，以此来确保结果的准确性。根据所构建的测评指标体系选择相应的数据，由于缺少2022年、2023年部分地区统计数据，本次研究暂时无法将这两年的相关数据作为测评基础数据，故将2012年1月—2021年10月的相关数据运用极差变换法对指标原始数据进行处理，从而得到底层指标的突变级数值如表6-1～表6-10所示。

表6-1　2012年各底层指标突变级数值

| 省份 | B1 | | | | B2 | | | | B3 | | | | | |
|---|---|---|---|---|---|---|---|---|---|---|---|---|---|---|
| | C1 | C2 | C3 | C4 | C5 | C6 | C7 | C8 | C9 | C10 | C11 | C12 | C13 | C14 |
| 北京市 | 0.265 | 0.265 | 0.128 | 0.421 | 0.345 | 0.171 | 0.385 | 0.737 | 0.836 | 0.052 | 0.187 | 0.271 | 0.171 | 0.253 |
| 天津市 | 0.090 | 0.100 | 0.037 | 0.126 | 0.113 | 0.178 | 0.131 | 0.146 | 0.533 | 0.034 | 0.839 | 0.125 | 0.083 | 0.037 |
| 河北省 | 0.061 | 0.088 | 0.042 | 0.109 | 0.092 | 0.192 | 0.112 | 0.208 | 0.209 | 0.151 | 0.122 | 0.197 | 0.126 | 0.271 |
| 山西省 | 0.033 | 0.052 | 0.025 | 0.080 | 0.085 | 0.109 | 0.105 | 0.086 | 0.098 | 0.073 | 0.163 | 0.168 | 0.068 | 0.195 |
| 内蒙古自治区 | 0.025 | 0.035 | 0.017 | 0.051 | 0.044 | 0.080 | 0.052 | 0.078 | 0.068 | 0.039 | 0.147 | 0.063 | 0.036 | 0.130 |
| 辽宁省 | 0.097 | 0.097 | 0.047 | 0.220 | 0.148 | 0.257 | 0.180 | 0.327 | 0.127 | 0.225 | 0.101 | 0.481 | 0.196 | 0.256 |
| 吉林省 | 0.027 | 0.055 | 0.028 | 0.196 | 0.046 | 0.080 | 0.058 | 0.161 | 0.143 | 0.058 | 0.115 | 0.136 | 0.050 | 0.164 |
| 黑龙江省 | 0.036 | 0.072 | 0.040 | 0.200 | 0.045 | 0.094 | 0.057 | 0.240 | 0.025 | 0.053 | 0.145 | 0.170 | 0.060 | 0.200 |
| 上海市 | 0.169 | 0.172 | 0.066 | 0.284 | 0.191 | 0.169 | 0.237 | 0.463 | 0.328 | 0.097 | 0.155 | 0.252 | 0.125 | 0.163 |
| 江苏省 | 0.321 | 0.453 | 0.125 | 0.281 | 0.339 | 0.524 | 0.423 | 0.668 | 0.067 | 0.840 | 0.188 | 0.765 | 0.481 | 0.542 |
| 浙江省 | 0.180 | 0.313 | 0.075 | 0.179 | 0.253 | 0.388 | 0.317 | 0.292 | 0.086 | 0.728 | 0.056 | 0.482 | 0.452 | 0.300 |
| 安徽省 | 0.070 | 0.115 | 0.041 | 0.158 | 0.090 | 0.169 | 0.108 | 0.230 | 0.069 | 0.191 | 0.085 | 0.215 | 0.109 | 0.200 |
| 福建省 | 0.067 | 0.128 | 0.032 | 0.083 | 0.072 | 0.134 | 0.089 | 0.113 | 0.000 | 0.208 | 0.061 | 0.201 | 0.114 | 0.140 |
| 江西省 | 0.028 | 0.042 | 0.018 | 0.064 | 0.042 | 0.097 | 0.050 | 0.150 | 0.096 | 0.119 | 0.059 | 0.123 | 0.071 | 0.127 |
| 山东省 | 0.255 | 0.286 | 0.102 | 0.215 | 0.202 | 0.366 | 0.249 | 0.312 | 0.024 | 0.313 | 0.098 | 0.491 | 0.189 | 0.435 |
| 河南省 | 0.077 | 0.144 | 0.054 | 0.085 | 0.119 | 0.262 | 0.141 | 0.307 | 0.107 | 0.256 | 0.102 | 0.374 | 0.156 | 0.267 |

续表

| 省份 | B1 | | | | B2 | | | | B3 | | | | | |
|---|---|---|---|---|---|---|---|---|---|---|---|---|---|---|
| | C1 | C2 | C3 | C4 | C5 | C6 | C7 | C8 | C9 | C10 | C11 | C12 | C13 | C14 |
| 湖北省 | 0.096 | 0.138 | 0.060 | 0.203 | 0.170 | 0.324 | 0.192 | 0.461 | 0.305 | 0.191 | 0.176 | 0.235 | 0.183 | 0.210 |
| 湖南省 | 0.071 | 0.112 | 0.043 | 0.173 | 0.071 | 0.151 | 0.082 | 0.291 | 0.095 | 0.132 | 0.103 | 0.158 | 0.114 | 0.177 |
| 广东省 | 0.309 | 0.556 | 0.176 | 0.247 | 0.212 | 0.261 | 0.252 | 0.418 | 0.218 | 0.214 | 0.130 | 0.357 | 0.169 | 0.407 |
| 广西壮族自治区 | 0.024 | 0.045 | 0.020 | 0.135 | 0.030 | 0.058 | 0.036 | 0.156 | 0.096 | 0.074 | 0.056 | 0.083 | 0.047 | 0.133 |
| 海南省 | 0.003 | 0.006 | 0.002 | 0.008 | 0.001 | 0.002 | 0.002 | 0.022 | 0.357 | 0.004 | 0.047 | 0.000 | 0.006 | 0.035 |
| 重庆市 | 0.039 | 0.051 | 0.021 | 0.086 | 0.091 | 0.133 | 0.112 | 0.194 | 0.066 | 0.158 | 0.056 | 0.196 | 0.102 | 0.080 |
| 四川省 | 0.087 | 0.110 | 0.050 | 0.189 | 0.152 | 0.180 | 0.191 | 0.359 | 0.058 | 0.247 | 0.067 | 0.273 | 0.162 | 0.260 |
| 贵州省 | 0.010 | 0.020 | 0.009 | 0.041 | 0.027 | 0.027 | 0.034 | 0.084 | 0.158 | 0.038 | 0.057 | 0.039 | 0.025 | 0.058 |
| 云南省 | 0.017 | 0.030 | 0.014 | 0.068 | 0.059 | 0.122 | 0.068 | 0.115 | 0.064 | 0.082 | 0.130 | 0.174 | 0.061 | 0.122 |
| 西藏自治区 | 0.000 | 0.000 | 0.000 | 0.003 | 0.000 | 0.007 | 0.000 | 0.001 | 0.067 | 0.001 | 0.101 | 0.005 | 0.000 | 0.000 |
| 陕西省 | 0.071 | 0.092 | 0.047 | 0.139 | 0.078 | 0.123 | 0.096 | 0.328 | 0.217 | 0.088 | 0.120 | 0.100 | 0.091 | 0.276 |
| 甘肃省 | 0.015 | 0.026 | 0.014 | 0.041 | 0.030 | 0.080 | 0.035 | 0.096 | 0.063 | 0.061 | 0.091 | 0.088 | 0.034 | 0.119 |
| 青海省 | 0.003 | 0.005 | 0.002 | 0.004 | 0.007 | 0.023 | 0.008 | 0.011 | 0.051 | 0.011 | 0.143 | 0.022 | 0.007 | 0.048 |
| 宁夏回族自治区 | 0.004 | 0.008 | 0.003 | 0.018 | 0.009 | 0.016 | 0.013 | 0.033 | 0.048 | 0.007 | 0.134 | 0.034 | 0.010 | 0.045 |
| 新疆维吾尔自治区 | 0.009 | 0.016 | 0.009 | 0.045 | 0.035 | 0.057 | 0.043 | 0.074 | 0.046 | 0.032 | 0.125 | 0.068 | 0.041 | 0.086 |

表6-2　2013年各底层指标突变级数值

| 省份 | B1 | | | | B2 | | | | B3 | | | | | |
|---|---|---|---|---|---|---|---|---|---|---|---|---|---|---|
| | C1 | C2 | C3 | C4 | C5 | C6 | C7 | C8 | C9 | C10 | C11 | C12 | C13 | C14 |
| 北京市 | 0.296 | 0.273 | 0.123 | 0.435 | 0.412 | 0.187 | 0.456 | 0.739 | 1.000 | 0.053 | 0.193 | 0.266 | 0.192 | 0.263 |
| 天津市 | 0.107 | 0.112 | 0.039 | 0.144 | 0.133 | 0.185 | 0.158 | 0.171 | 0.502 | 0.035 | 0.660 | 0.131 | 0.094 | 0.060 |
| 河北省 | 0.070 | 0.100 | 0.045 | 0.114 | 0.106 | 0.201 | 0.130 | 0.198 | 0.337 | 0.133 | 0.132 | 0.202 | 0.134 | 0.274 |
| 山西省 | 0.038 | 0.054 | 0.027 | 0.079 | 0.097 | 0.115 | 0.121 | 0.082 | 0.122 | 0.074 | 0.186 | 0.183 | 0.076 | 0.199 |
| 内蒙古自治区 | 0.029 | 0.041 | 0.020 | 0.053 | 0.047 | 0.081 | 0.056 | 0.081 | 0.082 | 0.041 | 0.143 | 0.066 | 0.038 | 0.136 |
| 辽宁省 | 0.111 | 0.106 | 0.050 | 0.222 | 0.166 | 0.260 | 0.205 | 0.333 | 0.242 | 0.221 | 0.118 | 0.522 | 0.227 | 0.261 |
| 吉林省 | 0.029 | 0.053 | 0.026 | 0.173 | 0.052 | 0.089 | 0.067 | 0.182 | 0.214 | 0.049 | 0.119 | 0.154 | 0.056 | 0.167 |
| 黑龙江省 | 0.041 | 0.070 | 0.039 | 0.204 | 0.047 | 0.088 | 0.060 | 0.226 | 0.034 | 0.057 | 0.172 | 0.164 | 0.062 | 0.205 |
| 上海市 | 0.194 | 0.186 | 0.069 | 0.289 | 0.211 | 0.167 | 0.266 | 0.469 | 0.316 | 0.090 | 0.155 | 0.243 | 0.132 | 0.158 |
| 江苏省 | 0.371 | 0.526 | 0.142 | 0.298 | 0.391 | 0.560 | 0.491 | 0.683 | 0.099 | 0.868 | 0.135 | 0.815 | 0.567 | 0.582 |
| 浙江省 | 0.204 | 0.351 | 0.079 | 0.190 | 0.286 | 0.411 | 0.359 | 0.279 | 0.139 | 0.762 | 0.054 | 0.511 | 0.524 | 0.325 |
| 安徽省 | 0.088 | 0.134 | 0.046 | 0.162 | 0.107 | 0.175 | 0.129 | 0.240 | 0.126 | 0.192 | 0.096 | 0.227 | 0.128 | 0.208 |
| 福建省 | 0.078 | 0.137 | 0.033 | 0.093 | 0.091 | 0.148 | 0.112 | 0.117 | 0.035 | 0.247 | 0.061 | 0.224 | 0.141 | 0.171 |
| 江西省 | 0.033 | 0.048 | 0.020 | 0.059 | 0.054 | 0.111 | 0.064 | 0.152 | 0.156 | 0.138 | 0.073 | 0.134 | 0.089 | 0.130 |
| 山东省 | 0.293 | 0.315 | 0.107 | 0.236 | 0.234 | 0.386 | 0.291 | 0.325 | 0.096 | 0.324 | 0.110 | 0.500 | 0.216 | 0.444 |
| 河南省 | 0.088 | 0.171 | 0.063 | 0.088 | 0.143 | 0.293 | 0.172 | 0.289 | 0.132 | 0.276 | 0.108 | 0.406 | 0.184 | 0.274 |

续表

| 省份 | B1 | | | | B2 | | | | B3 | | | | | |
|---|---|---|---|---|---|---|---|---|---|---|---|---|---|---|
| | C1 | C2 | C3 | C4 | C5 | C6 | C7 | C8 | C9 | C10 | C11 | C12 | C13 | C14 |
| 湖北省 | 0.111 | 0.149 | 0.064 | 0.206 | 0.195 | 0.388 | 0.227 | 0.457 | 0.427 | 0.201 | 0.180 | 0.273 | 0.217 | 0.214 |
| 湖南省 | 0.081 | 0.116 | 0.048 | 0.181 | 0.085 | 0.161 | 0.099 | 0.298 | 0.074 | 0.152 | 0.117 | 0.165 | 0.136 | 0.185 |
| 广东省 | 0.360 | 0.566 | 0.173 | 0.260 | 0.251 | 0.285 | 0.306 | 0.409 | 0.253 | 0.226 | 0.146 | 0.379 | 0.201 | 0.417 |
| 广西壮族自治区 | 0.026 | 0.045 | 0.019 | 0.142 | 0.036 | 0.061 | 0.044 | 0.156 | 0.156 | 0.083 | 0.028 | 0.086 | 0.058 | 0.137 |
| 海南省 | 0.003 | 0.007 | 0.002 | 0.008 | 0.002 | 0.003 | 0.003 | 0.025 | 0.377 | 0.004 | 0.046 | 0.002 | 0.006 | 0.037 |
| 重庆市 | 0.044 | 0.058 | 0.024 | 0.090 | 0.111 | 0.148 | 0.138 | 0.189 | 0.125 | 0.180 | 0.054 | 0.202 | 0.122 | 0.081 |
| 四川省 | 0.100 | 0.123 | 0.056 | 0.202 | 0.178 | 0.212 | 0.221 | 0.361 | 0.077 | 0.274 | 0.113 | 0.290 | 0.188 | 0.277 |
| 贵州省 | 0.011 | 0.026 | 0.011 | 0.049 | 0.038 | 0.032 | 0.050 | 0.092 | 0.238 | 0.044 | 0.060 | 0.043 | 0.034 | 0.072 |
| 云南省 | 0.020 | 0.031 | 0.015 | 0.073 | 0.073 | 0.139 | 0.084 | 0.131 | 0.094 | 0.088 | 0.163 | 0.188 | 0.074 | 0.123 |
| 西藏自治区 | 0.000 | 0.000 | 0.000 | 0.004 | 0.000 | 0.006 | 0.000 | 0.001 | 0.117 | 0.001 | 0.114 | 0.004 | 0.000 | 0.003 |
| 陕西省 | 0.085 | 0.104 | 0.054 | 0.150 | 0.097 | 0.137 | 0.120 | 0.322 | 0.245 | 0.106 | 0.156 | 0.113 | 0.103 | 0.319 |
| 甘肃省 | 0.016 | 0.027 | 0.014 | 0.040 | 0.035 | 0.087 | 0.041 | 0.105 | 0.126 | 0.062 | 0.089 | 0.098 | 0.043 | 0.127 |
| 青海省 | 0.003 | 0.004 | 0.002 | 0.004 | 0.009 | 0.028 | 0.010 | 0.009 | 0.111 | 0.011 | 0.188 | 0.023 | 0.009 | 0.051 |
| 宁夏回族自治区 | 0.005 | 0.008 | 0.003 | 0.013 | 0.012 | 0.019 | 0.017 | 0.031 | 0.026 | 0.012 | 0.125 | 0.035 | 0.013 | 0.048 |
| 新疆维吾尔自治区 | 0.011 | 0.017 | 0.010 | 0.047 | 0.042 | 0.060 | 0.053 | 0.075 | 0.086 | 0.039 | 0.153 | 0.076 | 0.052 | 0.086 |

表6-3 2014年各底层指标突变级数值

| 省份 | B1 | | | | B2 | | | | B3 | | | | | |
|---|---|---|---|---|---|---|---|---|---|---|---|---|---|---|
| | C1 | C2 | C3 | C4 | C5 | C6 | C7 | C8 | C9 | C10 | C11 | C12 | C13 | C14 |
| 北京市 | 0.317 | 0.276 | 0.128 | 0.453 | 0.479 | 0.203 | 0.528 | 0.751 | 0.465 | 0.054 | 0.198 | 0.259 | 0.213 | 0.273 |
| 天津市 | 0.116 | 0.127 | 0.043 | 0.148 | 0.153 | 0.192 | 0.185 | 0.183 | 0.299 | 0.035 | 0.480 | 0.134 | 0.106 | 0.083 |
| 河北省 | 0.078 | 0.113 | 0.047 | 0.125 | 0.120 | 0.210 | 0.147 | 0.186 | 0.263 | 0.127 | 0.141 | 0.202 | 0.146 | 0.277 |
| 山西省 | 0.038 | 0.054 | 0.025 | 0.076 | 0.109 | 0.121 | 0.137 | 0.090 | 0.113 | 0.068 | 0.209 | 0.198 | 0.079 | 0.202 |
| 内蒙古自治区 | 0.030 | 0.040 | 0.019 | 0.055 | 0.050 | 0.083 | 0.060 | 0.080 | 0.087 | 0.035 | 0.139 | 0.066 | 0.035 | 0.142 |
| 辽宁省 | 0.108 | 0.111 | 0.050 | 0.224 | 0.184 | 0.262 | 0.231 | 0.322 | 0.166 | 0.192 | 0.134 | 0.524 | 0.204 | 0.267 |
| 吉林省 | 0.032 | 0.055 | 0.026 | 0.185 | 0.058 | 0.097 | 0.077 | 0.175 | 0.147 | 0.050 | 0.123 | 0.184 | 0.064 | 0.169 |
| 黑龙江省 | 0.040 | 0.070 | 0.039 | 0.197 | 0.050 | 0.081 | 0.063 | 0.244 | 0.048 | 0.038 | 0.199 | 0.151 | 0.054 | 0.209 |
| 上海市 | 0.215 | 0.189 | 0.069 | 0.298 | 0.232 | 0.164 | 0.295 | 0.481 | 0.315 | 0.084 | 0.155 | 0.245 | 0.142 | 0.154 |
| 江苏省 | 0.413 | 0.563 | 0.151 | 0.311 | 0.443 | 0.597 | 0.560 | 0.714 | 0.122 | 0.895 | 0.081 | 0.790 | 0.642 | 0.621 |
| 浙江省 | 0.226 | 0.381 | 0.083 | 0.187 | 0.320 | 0.434 | 0.401 | 0.255 | 0.136 | 0.822 | 0.052 | 0.527 | 0.592 | 0.350 |
| 安徽省 | 0.098 | 0.145 | 0.047 | 0.164 | 0.123 | 0.180 | 0.150 | 0.247 | 0.149 | 0.193 | 0.107 | 0.233 | 0.142 | 0.216 |
| 福建省 | 0.088 | 0.152 | 0.035 | 0.099 | 0.109 | 0.162 | 0.135 | 0.123 | 0.029 | 0.283 | 0.062 | 0.265 | 0.173 | 0.202 |
| 江西省 | 0.038 | 0.048 | 0.020 | 0.070 | 0.066 | 0.125 | 0.077 | 0.158 | 0.134 | 0.148 | 0.086 | 0.141 | 0.106 | 0.132 |
| 山东省 | 0.326 | 0.323 | 0.111 | 0.280 | 0.267 | 0.406 | 0.334 | 0.355 | 0.095 | 0.303 | 0.123 | 0.500 | 0.242 | 0.454 |
| 河南省 | 0.100 | 0.181 | 0.065 | 0.086 | 0.167 | 0.324 | 0.203 | 0.301 | 0.139 | 0.271 | 0.113 | 0.412 | 0.205 | 0.280 |

续表

| 省份 | B1 | | | | B2 | | | | B3 | | | | | |
|---|---|---|---|---|---|---|---|---|---|---|---|---|---|---|
| | C1 | C2 | C3 | C4 | C5 | C6 | C7 | C8 | C9 | C10 | C11 | C12 | C13 | C14 |
| 湖北省 | 0.127 | 0.158 | 0.065 | 0.206 | 0.220 | 0.451 | 0.261 | 0.472 | 0.429 | 0.217 | 0.183 | 0.275 | 0.262 | 0.217 |
| 湖南省 | 0.092 | 0.120 | 0.050 | 0.181 | 0.098 | 0.170 | 0.116 | 0.300 | 0.102 | 0.155 | 0.132 | 0.169 | 0.156 | 0.193 |
| 广东省 | 0.401 | 0.572 | 0.173 | 0.281 | 0.289 | 0.309 | 0.359 | 0.384 | 0.248 | 0.225 | 0.161 | 0.378 | 0.217 | 0.427 |
| 广西壮族自治区 | 0.028 | 0.045 | 0.018 | 0.115 | 0.043 | 0.063 | 0.053 | 0.157 | 0.118 | 0.086 | 0.000 | 0.085 | 0.066 | 0.142 |
| 海南省 | 0.004 | 0.007 | 0.002 | 0.009 | 0.003 | 0.003 | 0.004 | 0.026 | 0.257 | 0.005 | 0.045 | 0.003 | 0.005 | 0.038 |
| 重庆市 | 0.050 | 0.065 | 0.024 | 0.091 | 0.132 | 0.163 | 0.164 | 0.202 | 0.132 | 0.187 | 0.051 | 0.205 | 0.144 | 0.081 |
| 四川省 | 0.112 | 0.134 | 0.060 | 0.220 | 0.203 | 0.245 | 0.251 | 0.382 | 0.071 | 0.256 | 0.159 | 0.292 | 0.209 | 0.294 |
| 贵州省 | 0.013 | 0.026 | 0.012 | 0.056 | 0.050 | 0.037 | 0.066 | 0.093 | 0.173 | 0.048 | 0.063 | 0.052 | 0.041 | 0.085 |
| 云南省 | 0.021 | 0.033 | 0.016 | 0.077 | 0.087 | 0.156 | 0.100 | 0.143 | 0.100 | 0.088 | 0.195 | 0.194 | 0.078 | 0.125 |
| 西藏自治区 | 0.000 | 0.000 | 0.000 | 0.004 | 0.000 | 0.005 | 0.000 | 0.002 | 0.046 | 0.000 | 0.128 | 0.005 | 0.000 | 0.005 |
| 陕西省 | 0.091 | 0.109 | 0.054 | 0.144 | 0.115 | 0.152 | 0.144 | 0.325 | 0.173 | 0.099 | 0.192 | 0.136 | 0.118 | 0.363 |
| 甘肃省 | 0.019 | 0.029 | 0.016 | 0.042 | 0.041 | 0.095 | 0.047 | 0.112 | 0.098 | 0.064 | 0.087 | 0.103 | 0.046 | 0.134 |
| 青海省 | 0.003 | 0.004 | 0.002 | 0.005 | 0.011 | 0.032 | 0.013 | 0.007 | 0.139 | 0.010 | 0.233 | 0.024 | 0.009 | 0.053 |
| 宁夏回族自治区 | 0.006 | 0.009 | 0.003 | 0.017 | 0.015 | 0.021 | 0.021 | 0.034 | 0.067 | 0.010 | 0.116 | 0.036 | 0.015 | 0.050 |
| 新疆维吾尔自治区 | 0.012 | 0.016 | 0.010 | 0.044 | 0.049 | 0.063 | 0.063 | 0.083 | 0.099 | 0.037 | 0.180 | 0.079 | 0.059 | 0.086 |

表6–4　2015年各底层指标突变级数值

| 省份 | B1 | | | | B2 | | | | B3 | | | | | |
|---|---|---|---|---|---|---|---|---|---|---|---|---|---|---|
| | C1 | C2 | C3 | C4 | C5 | C6 | C7 | C8 | C9 | C10 | C11 | C12 | C13 | C14 |
| 北京市 | 0.346 | 0.277 | 0.149 | 0.465 | 0.540 | 0.209 | 0.591 | 0.777 | 0.480 | 0.064 | 0.155 | 0.247 | 0.219 | 0.263 |
| 天津市 | 0.127 | 0.139 | 0.049 | 0.151 | 0.166 | 0.228 | 0.203 | 0.208 | 0.442 | 0.087 | 0.245 | 0.127 | 0.116 | 0.077 |
| 河北省 | 0.087 | 0.120 | 0.047 | 0.133 | 0.129 | 0.208 | 0.162 | 0.195 | 0.251 | 0.146 | 0.142 | 0.200 | 0.136 | 0.276 |
| 山西省 | 0.033 | 0.047 | 0.021 | 0.084 | 0.116 | 0.115 | 0.148 | 0.097 | 0.118 | 0.084 | 0.162 | 0.192 | 0.075 | 0.203 |
| 内蒙古自治区 | 0.034 | 0.042 | 0.016 | 0.041 | 0.052 | 0.080 | 0.064 | 0.088 | 0.090 | 0.031 | 0.213 | 0.064 | 0.028 | 0.145 |
| 辽宁省 | 0.090 | 0.095 | 0.045 | 0.224 | 0.200 | 0.246 | 0.258 | 0.346 | 0.154 | 0.166 | 0.102 | 0.483 | 0.140 | 0.267 |
| 吉林省 | 0.035 | 0.054 | 0.024 | 0.199 | 0.066 | 0.139 | 0.079 | 0.221 | 0.048 | 0.069 | 0.123 | 0.191 | 0.056 | 0.163 |
| 黑龙江省 | 0.039 | 0.063 | 0.031 | 0.198 | 0.048 | 0.078 | 0.060 | 0.245 | 0.012 | 0.051 | 0.156 | 0.131 | 0.042 | 0.198 |
| 上海市 | 0.234 | 0.193 | 0.079 | 0.313 | 0.252 | 0.167 | 0.332 | 0.509 | 0.364 | 0.123 | 0.079 | 0.236 | 0.146 | 0.161 |
| 江苏省 | 0.450 | 0.587 | 0.183 | 0.321 | 0.483 | 0.639 | 0.616 | 0.746 | 0.123 | 0.855 | 0.090 | 0.779 | 0.647 | 0.614 |
| 浙江省 | 0.252 | 0.411 | 0.106 | 0.216 | 0.342 | 0.444 | 0.433 | 0.279 | 0.137 | 0.890 | 0.050 | 0.533 | 0.626 | 0.373 |
| 安徽省 | 0.107 | 0.150 | 0.052 | 0.181 | 0.137 | 0.178 | 0.172 | 0.253 | 0.193 | 0.189 | 0.074 | 0.234 | 0.147 | 0.243 |
| 福建省 | 0.098 | 0.142 | 0.043 | 0.131 | 0.123 | 0.212 | 0.151 | 0.146 | 0.061 | 0.333 | 0.066 | 0.291 | 0.197 | 0.238 |
| 江西省 | 0.043 | 0.051 | 0.021 | 0.074 | 0.076 | 0.132 | 0.092 | 0.130 | 0.091 | 0.159 | 0.070 | 0.144 | 0.119 | 0.134 |
| 山东省 | 0.356 | 0.336 | 0.120 | 0.282 | 0.290 | 0.433 | 0.369 | 0.348 | 0.129 | 0.339 | 0.105 | 0.517 | 0.244 | 0.455 |
| 河南省 | 0.108 | 0.178 | 0.060 | 0.103 | 0.179 | 0.336 | 0.217 | 0.329 | 0.107 | 0.293 | 0.142 | 0.405 | 0.209 | 0.271 |

续表

| 省份 | B1 | | | | B2 | | | | B3 | | | | | |
|---|---|---|---|---|---|---|---|---|---|---|---|---|---|---|
| | C1 | C2 | C3 | C4 | C5 | C6 | C7 | C8 | C9 | C10 | C11 | C12 | C13 | C14 |
| 湖北省 | 0.140 | 0.152 | 0.063 | 0.204 | 0.260 | 0.486 | 0.312 | 0.471 | 0.376 | 0.295 | 0.104 | 0.275 | 0.276 | 0.218 |
| 湖南省 | 0.103 | 0.129 | 0.048 | 0.191 | 0.115 | 0.181 | 0.132 | 0.312 | 0.126 | 0.236 | 0.115 | 0.169 | 0.172 | 0.201 |
| 广东省 | 0.449 | 0.566 | 0.181 | 0.318 | 0.314 | 0.317 | 0.391 | 0.460 | 0.280 | 0.248 | 0.127 | 0.372 | 0.230 | 0.428 |
| 广西壮族自治区 | 0.026 | 0.042 | 0.019 | 0.130 | 0.047 | 0.069 | 0.058 | 0.162 | 0.126 | 0.106 | 0.049 | 0.084 | 0.076 | 0.141 |
| 海南省 | 0.004 | 0.007 | 0.003 | 0.010 | 0.003 | 0.001 | 0.005 | 0.030 | 0.223 | 0.006 | 0.046 | 0.002 | 0.005 | 0.042 |
| 重庆市 | 0.061 | 0.068 | 0.026 | 0.103 | 0.142 | 0.173 | 0.180 | 0.194 | 0.148 | 0.217 | 0.057 | 0.210 | 0.162 | 0.086 |
| 四川省 | 0.125 | 0.131 | 0.065 | 0.236 | 0.226 | 0.251 | 0.280 | 0.434 | 0.120 | 0.309 | 0.101 | 0.295 | 0.228 | 0.315 |
| 贵州省 | 0.015 | 0.025 | 0.011 | 0.055 | 0.074 | 0.050 | 0.099 | 0.101 | 0.207 | 0.061 | 0.067 | 0.055 | 0.049 | 0.098 |
| 云南省 | 0.027 | 0.043 | 0.019 | 0.093 | 0.106 | 0.184 | 0.123 | 0.156 | 0.107 | 0.108 | 0.115 | 0.204 | 0.084 | 0.127 |
| 西藏自治区 | 0.000 | 0.000 | 0.000 | 0.001 | 0.001 | 0.005 | 0.001 | 0.001 | 0.140 | 0.000 | 0.164 | 0.004 | 0.001 | 0.002 |
| 陕西省 | 0.098 | 0.103 | 0.048 | 0.141 | 0.135 | 0.169 | 0.159 | 0.369 | 0.245 | 0.128 | 0.147 | 0.156 | 0.123 | 0.381 |
| 甘肃省 | 0.020 | 0.028 | 0.012 | 0.048 | 0.046 | 0.099 | 0.053 | 0.109 | 0.133 | 0.062 | 0.118 | 0.101 | 0.047 | 0.148 |
| 青海省 | 0.002 | 0.003 | 0.002 | 0.005 | 0.012 | 0.032 | 0.014 | 0.009 | 0.159 | 0.010 | 0.182 | 0.022 | 0.009 | 0.055 |
| 宁夏回族自治区 | 0.006 | 0.009 | 0.004 | 0.016 | 0.017 | 0.019 | 0.024 | 0.026 | 0.074 | 0.011 | 0.096 | 0.034 | 0.012 | 0.052 |
| 新疆维吾尔自治区 | 0.013 | 0.018 | 0.009 | 0.048 | 0.057 | 0.069 | 0.074 | 0.089 | 0.101 | 0.041 | 0.101 | 0.088 | 0.057 | 0.085 |

表6-5　2016年各底层指标突变级数值

| 省份 | B1 | | | | B2 | | | | B3 | | | | | |
|---|---|---|---|---|---|---|---|---|---|---|---|---|---|---|
| | C1 | C2 | C3 | C4 | C5 | C6 | C7 | C8 | C9 | C10 | C11 | C12 | C13 | C14 |
| 北京市 | 0.371 | 0.285 | 0.145 | 0.435 | 0.597 | 0.188 | 0.648 | 0.771 | 0.503 | 0.063 | 0.155 | 0.243 | 0.230 | 0.268 |
| 天津市 | 0.134 | 0.134 | 0.049 | 0.137 | 0.175 | 0.184 | 0.217 | 0.191 | 0.437 | 0.081 | 0.382 | 0.122 | 0.126 | 0.086 |
| 河北省 | 0.095 | 0.125 | 0.048 | 0.142 | 0.144 | 0.206 | 0.181 | 0.232 | 0.255 | 0.146 | 0.116 | 0.208 | 0.143 | 0.266 |
| 山西省 | 0.033 | 0.049 | 0.021 | 0.087 | 0.140 | 0.120 | 0.181 | 0.115 | 0.120 | 0.083 | 0.174 | 0.214 | 0.085 | 0.203 |
| 内蒙古自治区 | 0.036 | 0.043 | 0.017 | 0.042 | 0.055 | 0.072 | 0.068 | 0.101 | 0.120 | 0.031 | 0.154 | 0.067 | 0.030 | 0.140 |
| 辽宁省 | 0.093 | 0.098 | 0.047 | 0.235 | 0.174 | 0.191 | 0.218 | 0.367 | 0.128 | 0.141 | 0.095 | 0.454 | 0.101 | 0.266 |
| 吉林省 | 0.034 | 0.053 | 0.027 | 0.192 | 0.068 | 0.090 | 0.086 | 0.241 | 0.103 | 0.062 | 0.205 | 0.184 | 0.058 | 0.160 |
| 黑龙江省 | 0.038 | 0.061 | 0.032 | 0.190 | 0.054 | 0.074 | 0.065 | 0.232 | 0.056 | 0.040 | 0.181 | 0.128 | 0.043 | 0.182 |
| 上海市 | 0.262 | 0.207 | 0.089 | 0.321 | 0.264 | 0.159 | 0.348 | 0.517 | 0.416 | 0.116 | 0.099 | 0.225 | 0.157 | 0.158 |
| 江苏省 | 0.506 | 0.613 | 0.194 | 0.355 | 0.525 | 0.648 | 0.666 | 0.744 | 0.135 | 0.868 | 0.086 | 0.767 | 0.674 | 0.611 |
| 浙江省 | 0.282 | 0.425 | 0.116 | 0.237 | 0.354 | 0.413 | 0.451 | 0.320 | 0.161 | 0.876 | 0.050 | 0.537 | 0.653 | 0.380 |
| 安徽省 | 0.118 | 0.152 | 0.055 | 0.169 | 0.159 | 0.183 | 0.194 | 0.241 | 0.218 | 0.189 | 0.078 | 0.249 | 0.157 | 0.245 |
| 福建省 | 0.113 | 0.148 | 0.048 | 0.142 | 0.137 | 0.204 | 0.172 | 0.162 | 0.071 | 0.368 | 0.061 | 0.309 | 0.222 | 0.275 |
| 江西省 | 0.051 | 0.056 | 0.021 | 0.079 | 0.099 | 0.135 | 0.118 | 0.153 | 0.139 | 0.171 | 0.067 | 0.155 | 0.134 | 0.133 |
| 山东省 | 0.391 | 0.340 | 0.125 | 0.276 | 0.326 | 0.423 | 0.416 | 0.348 | 0.147 | 0.331 | 0.105 | 0.523 | 0.262 | 0.449 |
| 河南省 | 0.123 | 0.187 | 0.061 | 0.104 | 0.205 | 0.365 | 0.251 | 0.318 | 0.164 | 0.295 | 0.110 | 0.444 | 0.229 | 0.257 |

续表

| 省份 | B1 | | | | B2 | | | | B3 | | | | | |
|---|---|---|---|---|---|---|---|---|---|---|---|---|---|---|
| | C1 | C2 | C3 | C4 | C5 | C6 | C7 | C8 | C9 | C10 | C11 | C12 | C13 | C14 |
| 湖北省 | 0.150 | 0.153 | 0.060 | 0.201 | 0.288 | 0.368 | 0.355 | 0.494 | 0.382 | 0.305 | 0.088 | 0.288 | 0.309 | 0.220 |
| 湖南省 | 0.117 | 0.134 | 0.053 | 0.205 | 0.134 | 0.180 | 0.159 | 0.323 | 0.157 | 0.248 | 0.152 | 0.173 | 0.189 | 0.204 |
| 广东省 | 0.508 | 0.582 | 0.183 | 0.322 | 0.358 | 0.320 | 0.448 | 0.569 | 0.319 | 0.258 | 0.131 | 0.383 | 0.251 | 0.434 |
| 广西壮族自治区 | 0.029 | 0.044 | 0.020 | 0.136 | 0.053 | 0.082 | 0.067 | 0.150 | 0.131 | 0.134 | 0.040 | 0.090 | 0.088 | 0.144 |
| 海南省 | 0.005 | 0.008 | 0.003 | 0.012 | 0.004 | 0.001 | 0.006 | 0.026 | 0.254 | 0.006 | 0.050 | 0.003 | 0.006 | 0.042 |
| 重庆市 | 0.075 | 0.076 | 0.030 | 0.112 | 0.154 | 0.184 | 0.195 | 0.206 | 0.165 | 0.236 | 0.047 | 0.218 | 0.182 | 0.088 |
| 四川省 | 0.140 | 0.140 | 0.068 | 0.234 | 0.288 | 0.217 | 0.301 | 0.431 | 0.138 | 0.320 | 0.067 | 0.327 | 0.259 | 0.295 |
| 贵州省 | 0.018 | 0.026 | 0.011 | 0.054 | 0.101 | 0.048 | 0.130 | 0.105 | 0.176 | 0.074 | 0.078 | 0.068 | 0.060 | 0.096 |
| 云南省 | 0.033 | 0.045 | 0.020 | 0.091 | 0.132 | 0.164 | 0.150 | 0.159 | 0.115 | 0.129 | 0.099 | 0.215 | 0.099 | 0.147 |
| 西藏自治区 | 0.000 | 0.000 | 0.000 | 0.000 | 0.002 | 0.005 | 0.003 | 0.000 | 0.183 | 0.000 | 0.156 | 0.005 | 0.001 | 0.019 |
| 陕西省 | 0.104 | 0.106 | 0.051 | 0.149 | 0.155 | 0.165 | 0.197 | 0.390 | 0.271 | 0.132 | 0.120 | 0.177 | 0.138 | 0.381 |
| 甘肃省 | 0.021 | 0.028 | 0.014 | 0.050 | 0.052 | 0.106 | 0.061 | 0.115 | 0.143 | 0.062 | 0.111 | 0.107 | 0.049 | 0.154 |
| 青海省 | 0.003 | 0.003 | 0.002 | 0.006 | 0.013 | 0.030 | 0.017 | 0.011 | 0.102 | 0.010 | 0.174 | 0.022 | 0.009 | 0.054 |
| 宁夏回族自治区 | 0.007 | 0.009 | 0.004 | 0.023 | 0.019 | 0.020 | 0.026 | 0.029 | 0.075 | 0.008 | 0.110 | 0.036 | 0.012 | 0.049 |
| 新疆维吾尔自治区 | 0.014 | 0.018 | 0.009 | 0.051 | 0.065 | 0.074 | 0.085 | 0.087 | 0.119 | 0.041 | 0.117 | 0.091 | 0.057 | 0.093 |

表6-6　2017年各底层指标突变级数值

| 省份 | B1 | | | | B2 | | | | B3 | | | | | |
|---|---|---|---|---|---|---|---|---|---|---|---|---|---|---|
| | C1 | C2 | C3 | C4 | C5 | C6 | C7 | C8 | C9 | C10 | C11 | C12 | C13 | C14 |
| 北京市 | 0.394 | 0.304 | 0.158 | 0.475 | 0.682 | 0.177 | 0.716 | 0.833 | 0.552 | 0.066 | 0.156 | 0.227 | 0.253 | 0.285 |
| 天津市 | 0.114 | 0.115 | 0.046 | 0.142 | 0.181 | 0.150 | 0.222 | 0.182 | 0.372 | 0.064 | 0.282 | 0.128 | 0.110 | 0.092 |
| 河北省 | 0.113 | 0.127 | 0.051 | 0.157 | 0.177 | 0.215 | 0.227 | 0.241 | 0.248 | 0.156 | 0.139 | 0.213 | 0.146 | 0.265 |
| 山西省 | 0.037 | 0.053 | 0.021 | 0.096 | 0.158 | 0.118 | 0.203 | 0.124 | 0.194 | 0.087 | 0.166 | 0.214 | 0.092 | 0.194 |
| 内蒙古自治区 | 0.033 | 0.036 | 0.014 | 0.042 | 0.059 | 0.077 | 0.072 | 0.092 | 0.147 | 0.029 | 0.163 | 0.068 | 0.028 | 0.137 |
| 辽宁省 | 0.107 | 0.099 | 0.047 | 0.235 | 0.173 | 0.179 | 0.223 | 0.354 | 0.177 | 0.116 | 0.102 | 0.449 | 0.095 | 0.271 |
| 吉林省 | 0.032 | 0.050 | 0.026 | 0.191 | 0.070 | 0.088 | 0.090 | 0.218 | 0.217 | 0.051 | 0.104 | 0.195 | 0.056 | 0.165 |
| 黑龙江省 | 0.036 | 0.052 | 0.028 | 0.181 | 0.056 | 0.070 | 0.072 | 0.245 | 0.063 | 0.038 | 0.189 | 0.132 | 0.039 | 0.189 |
| 上海市 | 0.301 | 0.206 | 0.089 | 0.331 | 0.291 | 0.174 | 0.378 | 0.549 | 0.501 | 0.102 | 0.110 | 0.216 | 0.166 | 0.168 |
| 江苏省 | 0.565 | 0.632 | 0.198 | 0.365 | 0.558 | 0.657 | 0.715 | 0.796 | 0.147 | 0.879 | 0.085 | 0.756 | 0.730 | 0.640 |
| 浙江省 | 0.316 | 0.449 | 0.120 | 0.269 | 0.378 | 0.426 | 0.481 | 0.346 | 0.201 | 0.901 | 0.051 | 0.542 | 0.712 | 0.426 |
| 安徽省 | 0.141 | 0.158 | 0.056 | 0.169 | 0.178 | 0.193 | 0.218 | 0.247 | 0.270 | 0.193 | 0.082 | 0.265 | 0.177 | 0.261 |
| 福建省 | 0.135 | 0.157 | 0.050 | 0.159 | 0.159 | 0.211 | 0.202 | 0.181 | 0.064 | 0.430 | 0.049 | 0.347 | 0.260 | 0.324 |
| 江西省 | 0.063 | 0.069 | 0.025 | 0.087 | 0.117 | 0.147 | 0.141 | 0.155 | 0.078 | 0.181 | 0.077 | 0.200 | 0.160 | 0.138 |
| 山东省 | 0.438 | 0.343 | 0.126 | 0.302 | 0.377 | 0.479 | 0.481 | 0.404 | 0.173 | 0.372 | 0.107 | 0.585 | 0.299 | 0.470 |
| 河南省 | 0.145 | 0.183 | 0.062 | 0.120 | 0.233 | 0.375 | 0.287 | 0.298 | 0.215 | 0.312 | 0.109 | 0.501 | 0.262 | 0.255 |

续表

| 省份 | B1 | | | | B2 | | | | B3 | | | | | |
|---|---|---|---|---|---|---|---|---|---|---|---|---|---|---|
| | C1 | C2 | C3 | C4 | C5 | C6 | C7 | C8 | C9 | C10 | C11 | C12 | C13 | C14 |
| 湖北省 | 0.175 | 0.157 | 0.062 | 0.217 | 0.336 | 0.419 | 0.410 | 0.502 | 0.490 | 0.327 | 0.083 | 0.317 | 0.349 | 0.236 |
| 湖南省 | 0.142 | 0.147 | 0.057 | 0.226 | 0.155 | 0.205 | 0.180 | 0.359 | 0.151 | 0.279 | 0.103 | 0.192 | 0.219 | 0.217 |
| 广东省 | 0.585 | 0.638 | 0.188 | 0.348 | 0.422 | 0.336 | 0.534 | 0.571 | 0.338 | 0.294 | 0.098 | 0.424 | 0.296 | 0.469 |
| 广西壮族自治区 | 0.035 | 0.040 | 0.019 | 0.141 | 0.063 | 0.079 | 0.080 | 0.144 | 0.130 | 0.141 | 0.040 | 0.099 | 0.108 | 0.158 |
| 海南省 | 0.005 | 0.007 | 0.003 | 0.011 | 0.004 | 0.000 | 0.007 | 0.029 | 0.285 | 0.006 | 0.052 | 0.003 | 0.007 | 0.047 |
| 重庆市 | 0.091 | 0.088 | 0.034 | 0.127 | 0.165 | 0.201 | 0.205 | 0.210 | 0.155 | 0.253 | 0.042 | 0.229 | 0.197 | 0.092 |
| 四川省 | 0.159 | 0.163 | 0.074 | 0.262 | 0.317 | 0.262 | 0.338 | 0.439 | 0.108 | 0.399 | 0.068 | 0.389 | 0.297 | 0.303 |
| 贵州省 | 0.024 | 0.031 | 0.013 | 0.057 | 0.122 | 0.061 | 0.157 | 0.106 | 0.234 | 0.086 | 0.080 | 0.081 | 0.075 | 0.128 |
| 云南省 | 0.039 | 0.051 | 0.022 | 0.095 | 0.160 | 0.152 | 0.186 | 0.132 | 0.149 | 0.171 | 0.072 | 0.225 | 0.122 | 0.149 |
| 西藏自治区 | 0.000 | 0.000 | 0.001 | 0.001 | 0.005 | 0.009 | 0.005 | 0.001 | 0.146 | 0.001 | 0.150 | 0.010 | 0.002 | 0.037 |
| 陕西省 | 0.115 | 0.110 | 0.052 | 0.161 | 0.179 | 0.179 | 0.228 | 0.413 | 0.301 | 0.154 | 0.096 | 0.201 | 0.161 | 0.413 |
| 甘肃省 | 0.022 | 0.026 | 0.014 | 0.052 | 0.063 | 0.102 | 0.075 | 0.114 | 0.116 | 0.062 | 0.110 | 0.110 | 0.046 | 0.164 |
| 青海省 | 0.004 | 0.005 | 0.002 | 0.005 | 0.015 | 0.036 | 0.019 | 0.010 | 0.102 | 0.010 | 0.268 | 0.022 | 0.009 | 0.056 |
| 宁夏回族自治区 | 0.009 | 0.010 | 0.004 | 0.023 | 0.021 | 0.019 | 0.029 | 0.037 | 0.035 | 0.011 | 0.081 | 0.050 | 0.013 | 0.054 |
| 新疆维吾尔自治区 | 0.014 | 0.016 | 0.009 | 0.043 | 0.077 | 0.084 | 0.099 | 0.083 | 0.142 | 0.046 | 0.092 | 0.092 | 0.061 | 0.103 |

表6-7　2018年各底层指标突变级数值

| 省份 | B1 | | | | B2 | | | | B3 | | | | | |
|---|---|---|---|---|---|---|---|---|---|---|---|---|---|---|
| | C1 | C2 | C3 | C4 | C5 | C6 | C7 | C8 | C9 | C10 | C11 | C12 | C13 | C14 |
| 北京市 | 0.467 | 0.301 | 0.161 | 0.494 | 0.803 | 0.377 | 0.794 | 0.846 | 0.533 | 0.057 | 0.194 | 0.222 | 0.285 | 0.286 |
| 天津市 | 0.123 | 0.111 | 0.046 | 0.156 | 0.207 | 0.283 | 0.245 | 0.226 | 0.280 | 0.070 | 0.251 | 0.149 | 0.097 | 0.105 |
| 河北省 | 0.124 | 0.116 | 0.046 | 0.157 | 0.190 | 0.331 | 0.245 | 0.221 | 0.335 | 0.139 | 0.560 | 0.213 | 0.149 | 0.279 |
| 山西省 | 0.043 | 0.049 | 0.022 | 0.106 | 0.173 | 0.278 | 0.213 | 0.139 | 0.243 | 0.086 | 0.169 | 0.226 | 0.105 | 0.199 |
| 内蒙古自治区 | 0.032 | 0.027 | 0.012 | 0.043 | 0.062 | 0.101 | 0.076 | 0.084 | 0.154 | 0.026 | 0.169 | 0.079 | 0.025 | 0.144 |
| 辽宁省 | 0.115 | 0.107 | 0.050 | 0.259 | 0.174 | 0.305 | 0.227 | 0.359 | 0.219 | 0.081 | 0.116 | 0.445 | 0.091 | 0.257 |
| 吉林省 | 0.028 | 0.040 | 0.021 | 0.201 | 0.076 | 0.120 | 0.093 | 0.225 | 0.281 | 0.043 | 0.120 | 0.195 | 0.055 | 0.165 |
| 黑龙江省 | 0.033 | 0.041 | 0.024 | 0.204 | 0.057 | 0.115 | 0.074 | 0.265 | 0.069 | 0.031 | 0.204 | 0.138 | 0.029 | 0.189 |
| 上海市 | 0.339 | 0.212 | 0.095 | 0.382 | 0.320 | 0.331 | 0.408 | 0.579 | 0.584 | 0.094 | 0.103 | 0.206 | 0.183 | 0.187 |
| 江苏省 | 0.626 | 0.632 | 0.199 | 0.376 | 0.610 | 0.993 | 0.787 | 0.860 | 0.184 | 0.922 | 0.085 | 0.813 | 0.806 | 0.657 |
| 浙江省 | 0.361 | 0.517 | 0.129 | 0.278 | 0.403 | 0.610 | 0.512 | 0.358 | 0.225 | 0.904 | 0.043 | 0.590 | 0.751 | 0.457 |
| 安徽省 | 0.162 | 0.165 | 0.059 | 0.193 | 0.206 | 0.297 | 0.246 | 0.248 | 0.323 | 0.210 | 0.072 | 0.328 | 0.205 | 0.299 |
| 福建省 | 0.160 | 0.181 | 0.058 | 0.177 | 0.187 | 0.290 | 0.239 | 0.180 | 0.073 | 0.492 | 0.046 | 0.421 | 0.301 | 0.388 |
| 江西省 | 0.077 | 0.095 | 0.035 | 0.089 | 0.172 | 0.193 | 0.221 | 0.160 | 0.213 | 0.180 | 0.074 | 0.223 | 0.181 | 0.158 |
| 山东省 | 0.410 | 0.347 | 0.124 | 0.327 | 0.408 | 0.627 | 0.526 | 0.459 | 0.235 | 0.372 | 0.093 | 0.602 | 0.336 | 0.482 |
| 河南省 | 0.167 | 0.187 | 0.061 | 0.128 | 0.287 | 0.568 | 0.331 | 0.324 | 0.245 | 0.330 | 0.105 | 0.536 | 0.296 | 0.275 |

续表

| 省份 | B1 | | | | B2 | | | | B3 | | | | | |
|---|---|---|---|---|---|---|---|---|---|---|---|---|---|---|
| | C1 | C2 | C3 | C4 | C5 | C6 | C7 | C8 | C9 | C10 | C11 | C12 | C13 | C14 |
| 湖北省 | 0.205 | 0.175 | 0.065 | 0.225 | 0.382 | 0.658 | 0.452 | 0.526 | 0.602 | 0.275 | 0.117 | 0.361 | 0.395 | 0.236 |
| 湖南省 | 0.164 | 0.165 | 0.064 | 0.223 | 0.183 | 0.287 | 0.205 | 0.383 | 0.204 | 0.294 | 0.101 | 0.218 | 0.249 | 0.236 |
| 广东省 | 0.676 | 0.861 | 0.262 | 0.381 | 0.552 | 0.493 | 0.661 | 0.676 | 0.399 | 0.317 | 0.109 | 0.499 | 0.357 | 0.490 |
| 广西壮族自治区 | 0.036 | 0.044 | 0.021 | 0.155 | 0.082 | 0.098 | 0.102 | 0.148 | 0.174 | 0.146 | 0.035 | 0.112 | 0.121 | 0.185 |
| 海南省 | 0.006 | 0.008 | 0.004 | 0.019 | 0.006 | 0.003 | 0.009 | 0.029 | 0.283 | 0.006 | 0.044 | 0.007 | 0.007 | 0.053 |
| 重庆市 | 0.102 | 0.103 | 0.037 | 0.133 | 0.176 | 0.198 | 0.222 | 0.217 | 0.171 | 0.255 | 0.036 | 0.235 | 0.203 | 0.102 |
| 四川省 | 0.184 | 0.178 | 0.078 | 0.289 | 0.360 | 0.421 | 0.434 | 0.493 | 0.155 | 0.400 | 0.058 | 0.453 | 0.338 | 0.366 |
| 贵州省 | 0.030 | 0.036 | 0.014 | 0.063 | 0.153 | 0.084 | 0.192 | 0.104 | 0.228 | 0.090 | 0.072 | 0.096 | 0.085 | 0.166 |
| 云南省 | 0.046 | 0.055 | 0.023 | 0.103 | 0.177 | 0.231 | 0.195 | 0.146 | 0.147 | 0.144 | 0.312 | 0.241 | 0.141 | 0.153 |
| 西藏自治区 | 0.000 | 0.001 | 0.001 | 0.002 | 0.007 | 0.010 | 0.009 | 0.004 | 0.123 | 0.002 | 0.090 | 0.014 | 0.003 | 0.007 |
| 陕西省 | 0.133 | 0.108 | 0.055 | 0.183 | 0.208 | 0.350 | 0.257 | 0.467 | 0.306 | 0.173 | 0.087 | 0.225 | 0.185 | 0.373 |
| 甘肃省 | 0.024 | 0.024 | 0.013 | 0.058 | 0.070 | 0.122 | 0.085 | 0.110 | 0.160 | 0.056 | 0.109 | 0.117 | 0.045 | 0.169 |
| 青海省 | 0.004 | 0.004 | 0.002 | 0.005 | 0.017 | 0.040 | 0.020 | 0.011 | 0.252 | 0.008 | 0.179 | 0.023 | 0.010 | 0.065 |
| 宁夏回族自治区 | 0.011 | 0.011 | 0.004 | 0.027 | 0.020 | 0.032 | 0.029 | 0.028 | 0.074 | 0.009 | 0.079 | 0.051 | 0.013 | 0.056 |
| 新疆维吾尔自治区 | 0.016 | 0.016 | 0.009 | 0.045 | 0.091 | 0.127 | 0.116 | 0.079 | 0.155 | 0.042 | 0.086 | 0.094 | 0.053 | 0.113 |

表6-8　2019年各底层指标突变级数值

| 省份 | B1 | | | | B2 | | | | B3 | | | | | |
|---|---|---|---|---|---|---|---|---|---|---|---|---|---|---|
| | C1 | C2 | C3 | C4 | C5 | C6 | C7 | C8 | C9 | C10 | C11 | C12 | C13 | C14 |
| 北京市 | 0.558 | 0.354 | 0.201 | 0.855 | 0.859 | 0.379 | 0.822 | 0.856 | 0.571 | 0.060 | 0.425 | 0.228 | 0.312 | 0.278 |
| 天津市 | 0.115 | 0.103 | 0.046 | 0.231 | 0.226 | 0.288 | 0.272 | 0.229 | 0.323 | 0.089 | 0.134 | 0.149 | 0.105 | 0.103 |
| 河北省 | 0.141 | 0.125 | 0.048 | 0.172 | 0.198 | 0.324 | 0.257 | 0.226 | 0.614 | 0.099 | 0.164 | 0.211 | 0.151 | 0.256 |
| 山西省 | 0.047 | 0.052 | 0.023 | 0.138 | 0.200 | 0.222 | 0.238 | 0.147 | 0.307 | 0.089 | 0.134 | 0.255 | 0.120 | 0.187 |
| 内蒙古自治区 | 0.037 | 0.027 | 0.012 | 0.055 | 0.061 | 0.096 | 0.075 | 0.080 | 0.298 | 0.021 | 0.191 | 0.080 | 0.027 | 0.121 |
| 辽宁省 | 0.127 | 0.112 | 0.054 | 0.307 | 0.182 | 0.275 | 0.234 | 0.358 | 0.296 | 0.073 | 1.000 | 0.461 | 0.091 | 0.241 |
| 吉林省 | 0.037 | 0.047 | 0.027 | 0.262 | 0.078 | 0.109 | 0.098 | 0.229 | 0.352 | 0.041 | 0.106 | 0.201 | 0.047 | 0.166 |
| 黑龙江省 | 0.036 | 0.049 | 0.031 | 0.279 | 0.062 | 0.109 | 0.082 | 0.291 | 0.133 | 0.028 | 0.171 | 0.153 | 0.029 | 0.163 |
| 上海市 | 0.381 | 0.223 | 0.107 | 0.523 | 0.343 | 0.331 | 0.440 | 0.638 | 0.640 | 0.095 | 0.162 | 0.205 | 0.203 | 0.191 |
| 江苏省 | 0.694 | 0.717 | 0.237 | 0.576 | 0.677 | 0.950 | 0.872 | 0.923 | 0.228 | 0.911 | 0.078 | 0.818 | 0.865 | 0.646 |
| 浙江省 | 0.417 | 0.604 | 0.148 | 0.362 | 0.432 | 0.590 | 0.557 | 0.374 | 0.173 | 0.684 | 0.050 | 0.633 | 0.532 | 0.472 |
| 安徽省 | 0.188 | 0.197 | 0.074 | 0.283 | 0.223 | 0.285 | 0.263 | 0.265 | 0.333 | 0.223 | 0.062 | 0.384 | 0.221 | 0.362 |
| 福建省 | 0.188 | 0.193 | 0.065 | 0.216 | 0.203 | 0.288 | 0.261 | 0.189 | 0.078 | 0.518 | 0.049 | 0.506 | 0.343 | 0.425 |
| 江西省 | 0.096 | 0.118 | 0.038 | 0.109 | 0.148 | 0.190 | 0.187 | 0.163 | 0.273 | 0.186 | 0.062 | 0.264 | 0.206 | 0.157 |
| 山东省 | 0.373 | 0.314 | 0.118 | 0.415 | 0.460 | 0.628 | 0.581 | 0.490 | 0.310 | 0.353 | 0.131 | 0.637 | 0.372 | 0.492 |
| 河南省 | 0.198 | 0.215 | 0.073 | 0.184 | 0.296 | 0.515 | 0.362 | 0.324 | 0.295 | 0.335 | 0.089 | 0.587 | 0.331 | 0.298 |

续表

| 省份 | B1 | | | | B2 | | | | B3 | | | | | |
|---|---|---|---|---|---|---|---|---|---|---|---|---|---|---|
| | C1 | C2 | C3 | C4 | C5 | C6 | C7 | C8 | C9 | C10 | C11 | C12 | C13 | C14 |
| 湖北省 | 0.239 | 0.200 | 0.079 | 0.356 | 0.437 | 0.630 | 0.519 | 0.521 | 0.732 | 0.276 | 0.102 | 0.394 | 0.443 | 0.242 |
| 湖南省 | 0.196 | 0.177 | 0.071 | 0.311 | 0.206 | 0.310 | 0.234 | 0.399 | 0.234 | 0.313 | 0.060 | 0.254 | 0.281 | 0.231 |
| 广东省 | 0.774 | 0.907 | 0.270 | 0.499 | 0.643 | 0.467 | 0.794 | 0.692 | 0.410 | 0.373 | 0.106 | 0.578 | 0.434 | 0.465 |
| 广西壮族自治区 | 0.041 | 0.052 | 0.025 | 0.176 | 0.092 | 0.103 | 0.115 | 0.158 | 0.253 | 0.159 | 0.028 | 0.134 | 0.140 | 0.193 |
| 海南省 | 0.007 | 0.009 | 0.004 | 0.020 | 0.009 | 0.002 | 0.014 | 0.031 | 0.355 | 0.006 | 0.043 | 0.008 | 0.008 | 0.057 |
| 重庆市 | 0.117 | 0.109 | 0.042 | 0.161 | 0.183 | 0.183 | 0.232 | 0.244 | 0.205 | 0.244 | 0.034 | 0.250 | 0.214 | 0.113 |
| 四川省 | 0.217 | 0.192 | 0.089 | 0.365 | 0.384 | 0.389 | 0.461 | 0.495 | 0.211 | 0.398 | 0.061 | 0.506 | 0.382 | 0.406 |
| 贵州省 | 0.036 | 0.041 | 0.016 | 0.074 | 0.186 | 0.080 | 0.231 | 0.124 | 0.302 | 0.088 | 0.061 | 0.118 | 0.095 | 0.152 |
| 云南省 | 0.055 | 0.063 | 0.026 | 0.125 | 0.205 | 0.229 | 0.227 | 0.155 | 0.187 | 0.159 | 0.067 | 0.269 | 0.159 | 0.147 |
| 西藏自治区 | 0.001 | 0.001 | 0.001 | 0.003 | 0.012 | 0.011 | 0.015 | 0.002 | 0.172 | 0.003 | 0.056 | 0.014 | 0.004 | 0.040 |
| 陕西省 | 0.146 | 0.129 | 0.070 | 0.356 | 0.249 | 0.303 | 0.318 | 0.501 | 0.386 | 0.163 | 0.086 | 0.261 | 0.205 | 0.336 |
| 甘肃省 | 0.027 | 0.028 | 0.017 | 0.096 | 0.100 | 0.140 | 0.114 | 0.110 | 0.214 | 0.055 | 0.104 | 0.136 | 0.048 | 0.175 |
| 青海省 | 0.005 | 0.005 | 0.002 | 0.006 | 0.019 | 0.038 | 0.022 | 0.014 | 0.351 | 0.006 | 0.184 | 0.024 | 0.010 | 0.066 |
| 宁夏回族自治区 | 0.013 | 0.012 | 0.005 | 0.023 | 0.020 | 0.029 | 0.028 | 0.033 | 0.117 | 0.010 | 0.062 | 0.048 | 0.014 | 0.058 |
| 新疆维吾尔自治区 | 0.016 | 0.014 | 0.008 | 0.045 | 0.099 | 0.130 | 0.129 | 0.070 | 0.231 | 0.043 | 0.091 | 0.106 | 0.058 | 0.125 |

表6-9　2020年各底层指标突变级数值

| 省份 | B1 | | | | B2 | | | | B3 | | | | | |
|---|---|---|---|---|---|---|---|---|---|---|---|---|---|---|
| | C1 | C2 | C3 | C4 | C5 | C6 | C7 | C8 | C9 | C10 | C11 | C12 | C13 | C14 |
| 北京市 | 0.581 | 0.379 | 0.194 | 0.926 | 0.937 | 0.398 | 0.880 | 0.826 | 0.617 | 0.057 | 0.442 | 0.211 | 0.336 | 0.285 |
| 天津市 | 0.121 | 0.101 | 0.086 | 0.230 | 0.216 | 0.236 | 0.264 | 0.220 | 0.277 | 0.072 | 0.116 | 0.161 | 0.113 | 0.110 |
| 河北省 | 0.158 | 0.140 | 0.135 | 0.209 | 0.215 | 0.328 | 0.280 | 0.224 | 0.616 | 0.090 | 0.148 | 0.250 | 0.154 | 0.272 |
| 山西省 | 0.052 | 0.058 | 0.056 | 0.159 | 0.218 | 0.231 | 0.256 | 0.166 | 0.322 | 0.097 | 0.130 | 0.287 | 0.132 | 0.194 |
| 内蒙古自治区 | 0.040 | 0.030 | 0.029 | 0.058 | 0.064 | 0.100 | 0.079 | 0.084 | 0.405 | 0.018 | 0.192 | 0.079 | 0.028 | 0.110 |
| 辽宁省 | 0.137 | 0.125 | 0.099 | 0.340 | 0.187 | 0.284 | 0.240 | 0.374 | 0.420 | 0.067 | 0.171 | 0.489 | 0.098 | 0.251 |
| 吉林省 | 0.039 | 0.049 | 0.020 | 0.303 | 0.084 | 0.142 | 0.107 | 0.238 | 0.501 | 0.033 | 0.134 | 0.212 | 0.051 | 0.168 |
| 黑龙江省 | 0.043 | 0.049 | 0.022 | 0.286 | 0.065 | 0.105 | 0.086 | 0.280 | 0.193 | 0.024 | 0.172 | 0.188 | 0.030 | 0.168 |
| 上海市 | 0.403 | 0.257 | 0.195 | 0.613 | 0.361 | 0.323 | 0.465 | 0.654 | 0.719 | 0.087 | 0.107 | 0.199 | 0.215 | 0.208 |
| 江苏省 | 0.751 | 0.756 | 0.752 | 0.606 | 0.722 | 0.995 | 0.943 | 0.959 | 0.227 | 0.972 | 0.111 | 0.965 | 0.922 | 0.709 |
| 浙江省 | 0.464 | 0.658 | 0.658 | 0.389 | 0.466 | 0.587 | 0.605 | 0.395 | 0.223 | 0.617 | 0.051 | 0.699 | 0.547 | 0.579 |
| 安徽省 | 0.220 | 0.219 | 0.202 | 0.322 | 0.244 | 0.280 | 0.302 | 0.287 | 0.381 | 0.229 | 0.044 | 0.494 | 0.243 | 0.541 |
| 福建省 | 0.210 | 0.209 | 0.208 | 0.255 | 0.234 | 0.309 | 0.300 | 0.191 | 0.104 | 0.548 | 0.034 | 0.590 | 0.368 | 0.711 |
| 江西省 | 0.107 | 0.139 | 0.143 | 0.112 | 0.172 | 0.200 | 0.219 | 0.177 | 0.430 | 0.185 | 0.063 | 0.322 | 0.225 | 0.190 |
| 山东省 | 0.420 | 0.385 | 0.404 | 0.465 | 0.486 | 0.623 | 0.624 | 0.523 | 0.430 | 0.310 | 0.175 | 0.706 | 0.390 | 0.514 |
| 河南省 | 0.225 | 0.228 | 0.237 | 0.199 | 0.332 | 0.523 | 0.407 | 0.339 | 0.325 | 0.325 | 0.092 | 0.647 | 0.342 | 0.331 |

续表

| 省份 | B1 | | | | B2 | | | | B3 | | | | | |
|---|---|---|---|---|---|---|---|---|---|---|---|---|---|---|
| | C1 | C2 | C3 | C4 | C5 | C6 | C7 | C8 | C9 | C10 | C11 | C12 | C13 | C14 |
| 湖北省 | 0.251 | 0.216 | 0.213 | 0.358 | 0.465 | 0.606 | 0.543 | 0.533 | 0.855 | 0.245 | 0.102 | 0.400 | 0.421 | 0.263 |
| 湖南省 | 0.224 | 0.200 | 0.197 | 0.324 | 0.233 | 0.323 | 0.269 | 0.411 | 0.274 | 0.319 | 0.059 | 0.285 | 0.309 | 0.256 |
| 广东省 | 0.869 | 0.985 | 1.000 | 0.535 | 0.737 | 0.481 | 0.922 | 0.789 | 0.440 | 0.387 | 0.072 | 0.662 | 0.481 | 0.548 |
| 广西壮族自治区 | 0.043 | 0.051 | 0.035 | 0.195 | 0.112 | 0.104 | 0.149 | 0.176 | 0.292 | 0.140 | 0.034 | 0.159 | 0.151 | 0.214 |
| 海南省 | 0.009 | 0.009 | 0.003 | 0.024 | 0.011 | 0.003 | 0.016 | 0.031 | 0.447 | 0.005 | 0.052 | 0.012 | 0.008 | 0.068 |
| 重庆市 | 0.131 | 0.118 | 0.113 | 0.168 | 0.205 | 0.196 | 0.255 | 0.238 | 0.235 | 0.244 | 0.032 | 0.285 | 0.233 | 0.127 |
| 四川省 | 0.263 | 0.213 | 0.173 | 0.397 | 0.442 | 0.414 | 0.520 | 0.513 | 0.195 | 0.446 | 0.041 | 0.616 | 0.407 | 0.487 |
| 贵州省 | 0.040 | 0.046 | 0.045 | 0.085 | 0.228 | 0.088 | 0.292 | 0.134 | 0.345 | 0.090 | 0.051 | 0.146 | 0.105 | 0.145 |
| 云南省 | 0.061 | 0.067 | 0.053 | 0.143 | 0.261 | 0.229 | 0.259 | 0.142 | 0.222 | 0.152 | 0.066 | 0.295 | 0.174 | 0.168 |
| 西藏自治区 | 0.001 | 0.001 | 0.000 | 0.002 | 0.019 | 0.012 | 0.024 | 0.001 | 0.400 | 0.003 | 0.100 | 0.025 | 0.006 | 0.090 |
| 陕西省 | 0.158 | 0.133 | 0.082 | 0.374 | 0.296 | 0.312 | 0.380 | 0.497 | 0.455 | 0.160 | 0.086 | 0.292 | 0.221 | 0.479 |
| 甘肃省 | 0.027 | 0.029 | 0.015 | 0.101 | 0.108 | 0.145 | 0.127 | 0.109 | 0.264 | 0.053 | 0.242 | 0.151 | 0.052 | 0.183 |
| 青海省 | 0.005 | 0.004 | 0.004 | 0.006 | 0.020 | 0.034 | 0.024 | 0.019 | 0.483 | 0.005 | 0.201 | 0.023 | 0.012 | 0.077 |
| 宁夏回族自治区 | 0.014 | 0.012 | 0.014 | 0.021 | 0.020 | 0.029 | 0.029 | 0.033 | 0.131 | 0.011 | 0.052 | 0.047 | 0.015 | 0.065 |
| 新疆维吾尔自治区 | 0.015 | 0.015 | 0.010 | 0.049 | 0.112 | 0.140 | 0.141 | 0.071 | 0.315 | 0.041 | 0.059 | 0.121 | 0.069 | 0.101 |

表6-10　2021年各底层指标突变级数值

| 省份 | B1 | | | | B2 | | | | B3 | | | | | |
|---|---|---|---|---|---|---|---|---|---|---|---|---|---|---|
| | C1 | C2 | C3 | C4 | C5 | C6 | C7 | C8 | C9 | C10 | C11 | C12 | C13 | C14 |
| 北京市 | 0.657 | 0.381 | 0.221 | 1.000 | 1.000 | 0.427 | 0.914 | 0.863 | 0.675 | 0.061 | 0.187 | 0.212 | 0.365 | 0.348 |
| 天津市 | 0.143 | 0.115 | 0.052 | 0.277 | 0.244 | 0.309 | 0.293 | 0.248 | 0.492 | 0.063 | 0.225 | 0.201 | 0.120 | 0.119 |
| 河北省 | 0.186 | 0.141 | 0.053 | 0.222 | 0.231 | 0.308 | 0.302 | 0.220 | 0.683 | 0.087 | 0.120 | 0.268 | 0.168 | 0.329 |
| 山西省 | 0.063 | 0.063 | 0.026 | 0.179 | 0.257 | 0.253 | 0.299 | 0.165 | 0.387 | 0.100 | 0.138 | 0.320 | 0.147 | 0.219 |
| 内蒙古自治区 | 0.047 | 0.029 | 0.012 | 0.070 | 0.071 | 0.098 | 0.085 | 0.078 | 0.483 | 0.015 | 0.187 | 0.080 | 0.032 | 0.113 |
| 辽宁省 | 0.150 | 0.131 | 0.060 | 0.317 | 0.193 | 0.289 | 0.251 | 0.372 | 0.576 | 0.061 | 0.092 | 0.505 | 0.104 | 0.262 |
| 吉林省 | 0.045 | 0.056 | 0.032 | 0.308 | 0.088 | 0.106 | 0.117 | 0.234 | 0.608 | 0.036 | 0.092 | 0.238 | 0.057 | 0.205 |
| 黑龙江省 | 0.048 | 0.054 | 0.033 | 0.304 | 0.064 | 0.096 | 0.086 | 0.263 | 0.332 | 0.019 | 0.184 | 0.184 | 0.033 | 0.158 |
| 上海市 | 0.454 | 0.265 | 0.126 | 0.625 | 0.382 | 0.328 | 0.488 | 0.780 | 0.868 | 0.083 | 0.143 | 0.199 | 0.240 | 0.236 |
| 江苏省 | 0.859 | 0.854 | 0.268 | 0.661 | 0.755 | 1.000 | 1.000 | 1.000 | 0.239 | 1.000 | 0.088 | 1.000 | 1.000 | 0.859 |
| 浙江省 | 0.539 | 0.649 | 0.159 | 0.428 | 0.518 | 0.603 | 0.678 | 0.440 | 0.277 | 0.611 | 0.043 | 0.765 | 0.601 | 0.868 |
| 安徽省 | 0.251 | 0.265 | 0.091 | 0.359 | 0.284 | 0.296 | 0.347 | 0.323 | 0.502 | 0.221 | 0.049 | 0.595 | 0.275 | 0.835 |
| 福建省 | 0.242 | 0.265 | 0.076 | 0.256 | 0.276 | 0.322 | 0.342 | 0.205 | 0.162 | 0.542 | 0.028 | 0.677 | 0.412 | 1.000 |
| 江西省 | 0.125 | 0.140 | 0.040 | 0.142 | 0.198 | 0.208 | 0.255 | 0.186 | 0.509 | 0.185 | 0.059 | 0.403 | 0.254 | 0.290 |
| 山东省 | 0.486 | 0.505 | 0.158 | 0.529 | 0.569 | 0.671 | 0.736 | 0.566 | 0.505 | 0.306 | 0.083 | 0.814 | 0.428 | 0.579 |
| 河南省 | 0.254 | 0.250 | 0.079 | 0.225 | 0.360 | 0.527 | 0.448 | 0.370 | 0.386 | 0.326 | 0.078 | 0.713 | 0.370 | 0.395 |

续表

| 省份 | B1 | | | | B2 | | | | B3 | | | | | |
|---|---|---|---|---|---|---|---|---|---|---|---|---|---|---|
| | C1 | C2 | C3 | C4 | C5 | C6 | C7 | C8 | C9 | C10 | C11 | C12 | C13 | C14 |
| 湖北省 | 0.290 | 0.260 | 0.099 | 0.409 | 0.538 | 0.665 | 0.629 | 0.568 | 0.869 | 0.262 | 0.104 | 0.440 | 0.497 | 0.360 |
| 湖南省 | 0.257 | 0.235 | 0.090 | 0.349 | 0.257 | 0.316 | 0.298 | 0.398 | 0.354 | 0.315 | 0.048 | 0.308 | 0.346 | 0.348 |
| 广东省 | 1.000 | 1.000 | 0.293 | 0.610 | 0.756 | 0.496 | 0.956 | 0.842 | 0.518 | 0.401 | 0.119 | 0.743 | 0.557 | 0.699 |
| 广西壮族自治区 | 0.049 | 0.062 | 0.027 | 0.208 | 0.149 | 0.109 | 0.189 | 0.182 | 0.502 | 0.132 | 0.033 | 0.198 | 0.174 | 0.311 |
| 海南省 | 0.011 | 0.014 | 0.006 | 0.036 | 0.014 | 0.005 | 0.020 | 0.036 | 0.729 | 0.004 | 0.036 | 0.013 | 0.010 | 0.084 |
| 重庆市 | 0.150 | 0.138 | 0.052 | 0.200 | 0.220 | 0.215 | 0.275 | 0.257 | 0.346 | 0.232 | 0.030 | 0.300 | 0.259 | 0.182 |
| 四川省 | 0.303 | 0.222 | 0.100 | 0.434 | 0.521 | 0.443 | 0.624 | 0.558 | 0.320 | 0.413 | 0.039 | 0.689 | 0.453 | 0.578 |
| 贵州省 | 0.045 | 0.047 | 0.019 | 0.096 | 0.250 | 0.088 | 0.326 | 0.136 | 0.516 | 0.079 | 0.045 | 0.166 | 0.118 | 0.092 |
| 云南省 | 0.070 | 0.065 | 0.029 | 0.157 | 0.258 | 0.227 | 0.268 | 0.141 | 0.372 | 0.134 | 0.086 | 0.324 | 0.190 | 0.212 |
| 西藏自治区 | 0.001 | 0.000 | 0.001 | 0.002 | 0.020 | 0.013 | 0.026 | 0.001 | 0.588 | 0.001 | 0.102 | 0.026 | 0.005 | 0.106 |
| 陕西省 | 0.175 | 0.140 | 0.075 | 0.425 | 0.330 | 0.302 | 0.426 | 0.496 | 0.535 | 0.145 | 0.079 | 0.312 | 0.238 | 0.560 |
| 甘肃省 | 0.032 | 0.036 | 0.020 | 0.108 | 0.132 | 0.165 | 0.153 | 0.125 | 0.385 | 0.050 | 0.123 | 0.182 | 0.058 | 0.175 |
| 青海省 | 0.006 | 0.005 | 0.002 | 0.009 | 0.022 | 0.035 | 0.026 | 0.019 | 0.792 | 0.004 | 0.191 | 0.024 | 0.014 | 0.098 |
| 宁夏回族自治区 | 0.017 | 0.017 | 0.006 | 0.027 | 0.021 | 0.031 | 0.030 | 0.022 | 0.269 | 0.010 | 0.073 | 0.047 | 0.016 | 0.079 |
| 新疆维吾尔自治区 | 0.019 | 0.020 | 0.010 | 0.061 | 0.129 | 0.154 | 0.160 | 0.093 | 0.444 | 0.038 | 0.079 | 0.141 | 0.080 | 0.104 |

## 二、指标权重的确定

### （一）专家调查法获取指标相对重要性数值

本次研究采用了专家调查法来评估指标的相对重要性。具体而言，通过邀请适量的专家对各个层次指标之间的相对重要性进行比较，以此获取指标相对重要性的数值。因为指标间暂不存在极端相对不重要和极端相对重要的情况，其相对重要性选择1～5标度法，专家凭借相关经验对指标间的相对重要性进行判断并将得到的量化结果填入对应表格内。调查方式则选用线下访谈方式。

为确保计算权重结果的时效性，还应该注意以下几点。首先，在选择专家数量和专家类型时需要考虑项目实际需要。专家数量过少会影响评价的准确性，而专家数量过多则会导致数据收集困难和工作量过大。其次，在选择专家时应涵盖不同类型的专家，避免由于专家工作性质、研究环境和立场差异而导致评价结果偏差。另外，获取的数据需要进行筛选和整理，剔除明显有偏差或与实际情况极不相符的数据。

### （二）基于层次分析法的指标权重计算

通过专家调查法获取到多领域专家对指标相对重要性的评价与界定，并采用层次分析法的近似算法——方根法计算出指标权重系数。

#### （1）一级指标的权重以及一致性检验

相对于建筑业转型技术创新提升产能A这个总目标，其一级指标层内有“资源投入（B1）”“资源产出（B2）”“基础环境（B3）”这3个指标，将其经过各打分均值后获得的各指标之间相对重要性数值见表6-11。

表6-11　判断矩阵*A*–*B*

| 总目标A | B1 | B2 | B3 |
|---|---|---|---|
| B1 | 1 | 2 | 1/2 |
| B2 | 1/2 | 1 | 1/4 |
| B3 | 2 | 4 | 1 |

那么**A-B**判断矩阵：$A=\begin{pmatrix}1 & 2 & 1/2\\1/2 & 1 & 1/4\\2 & 4 & 1\end{pmatrix}$

随即运用层次分析法得到权重的相应步骤计算指标权重。

第一步，计算出判断矩阵各行的乘积，用$M_i$表示。

$$M_i=\prod_j^n b_{ij}，\quad i=1,2,\cdots,n$$

其中，$M_i$表示矩阵中第一行的乘积；$b_{ij}$代表第$i$行第$j$列的元素。

计算得到各行指标乘积为

$$M_1=1\times2\times1/2=1$$

$$M_2=1/2\times1\times1/4=1/8$$

$$M_3=2\times4\times1=8$$

第二步，计算出各行$M_i$的方根值，用$\overline{w}_i$表示，计算式为

$$\overline{w}_1=\sqrt[n]{M_i}\ ,i=1,2\cdots,n$$

计算得到各行方根值为

$$\overline{w}_1=\sqrt[3]{1}=1.000$$

$$\overline{w}_2=\sqrt[3]{1/8}=0.5$$

$$\overline{w}_3=\sqrt[3]{8}=2$$

第三步，将$(\overline{w}_1\quad\overline{w}_2\quad\overline{w}_3)^T$进行归一化处理，依据公式$w_i=\dfrac{\overline{w}_i}{\sum_{j=1}^n\overline{w}_j}$求出各特征向量$\overline{w}_i$，最终得出$w_i$即为各指标权重值。

计算得出：$w_1=0.286;\ w_2=0.143;\ w_3=0.571$。

由$w_1+w_2+w_3=1$可知，同一层各指标重要性符合同一层各指标赋值为1的规定。得出特征向量$\boldsymbol{w}=(0.286，0.143，0.571)^T$。

第四步，判断矩阵的一致性检验。

先计算最大特征根$\lambda_{max}$：

$$A\times\boldsymbol{w}=\begin{pmatrix}1 & 2 & 1/2\\1/2 & 1 & 1/4\\2 & 4 & 1\end{pmatrix}\times\begin{pmatrix}0.286\\0.143\\0.571\end{pmatrix}=\begin{pmatrix}0.857\\0.429\\1.715\end{pmatrix}$$

$$\lambda_{max}=\sum_{i=1}^{n}\frac{(Aw)_i}{nw_i}=\frac{0.857}{3\times 0.286}+\frac{0.429}{3\times 0.143}+\frac{1.715}{3\times 0.571}=3.000$$

然后再计算出判断矩阵偏离一致性指标$CI$值。通过查询平均随机一致性指标表（见表6-12，其中1阶、2阶总是完全一致），根据矩阵阶数找出$RI$的值，求出$CI/RI$，判断矩阵是否通过一致性检验。

表6-12　一致性指标$RI$的数值

| $n$ | 3 | 4 | 5 | 6 | 7 | 8 | 9 | 10 |
|---|---|---|---|---|---|---|---|---|
| $R$ | 0.52 | 0.89 | 1.12 | 1.26 | 1.36 | 1.41 | 1.46 | 1.49 |

由表6-12查得$RI=0.52$。

$$CI=\frac{\lambda_{max}-n}{n-1}=\frac{3.000-3}{3-1}=0.000$$

一致性比率$CR=\frac{CI}{RI}=0.000$，计算结果小于0.10，说明该判断矩阵的一致性比率可以接受。

将以上一级指标权重系数的过程反映在表6-13中：

表6-13　判断矩阵***A-B***权重确定及一致性检验表

| A(B1，B2，B3）判断矩阵 | | | | 特征向量 | 一致性检验 |
|---|---|---|---|---|---|
| A | B1 | B2 | B3 | $w_i$ | $CI=0.000$<br>$RI=0.52$<br>$CR=0.000<0.10$ |
| B1 | 1 | 2 | 1/2 | 0.286 | |
| B2 | 1/2 | 1 | 1/4 | 0.143 | |
| B3 | 2 | 4 | 1 | 0.571 | |

**（2）二级指标的权重及一致性检验**

按照上述步骤依次确定基于二级指标的相对重要性判断矩阵***B-C***，求出二级指标的权重数值，将特征向量和一致性检验分别反映在表格中。

①“资源投入（B1）”下的指标权重及一致性检验。一级指标“资源投入（B1）”下，4个二级指标“建筑业R&D经费内部支出（C1）”“建筑业R&D人员全时当量（C2）”“建筑业R&D人员数（C3）”“建筑业硕士以上学历占R&D人员数（C4）”的权重确定过程见表6-14。

表6-14 “资源投入（B1）”下的权重确定及一致性检验表

| B1(C1，C2，C3，C4）判断矩阵 | | | | | 特征向量 | 一致性检验 |
|---|---|---|---|---|---|---|
| B1 | C1 | C2 | C3 | C4 | $w_i$ | $CI=0.017$<br>$RI=0.89$<br>$CR=0.019<0.10$ |
| C1 | 1 | 2 | 3 | 1/3 | 0.233 | |
| C2 | 1/2 | 1 | 2 | 1/4 | 0.140 | |
| C3 | 1/3 | 1/2 | 1 | 2 | 0.085 | |
| C4 | 3 | 4 | 5 | 1 | 0.542 | |

②“资源产出（B2）”下的指标权重及一致性检验。一级指标“资源产出（B2）”下，4个二级指标“企业总产值（C5）”“固定资产净值（C6）”“存货（C7）”“建筑业科技成果数量（C8）”的权重确定过程见表6-15。

表6-15 “资源产出（B2）”下的权重确定及一致性检验表

| B2(C5，C6，C7，C8）判断矩阵 | | | | | 特征向量 | 一致性检验 |
|---|---|---|---|---|---|---|
| B2 | C5 | C6 | C7 | C8 | $w_i$ | $CI=0.017$<br>$RI=1.26$<br>$CR=0.013<0.10$ |
| C5 | 1 | 2 | 3 | 1/3 | 0.233 | |
| C6 | 1/2 | 1 | 2 | 1/4 | 0.140 | |
| C7 | 1/3 | 1/2 | 1 | 1/5 | 0.085 | |
| C8 | 3 | 4 | 5 | 1 | 0.542 | |

③“基础环境（B3）”下的指标权重及一致性检验。一级指标“基础环境（B3）”下，6个二级指标“劳动生产率（C9）”“从业人员数（C10）”“技术装备率（C11）”“建筑业企业个数（C12）”“建筑业总产值（C13）”“建设工程监理企业（C14）”的权重确定过程见表6-16。

表6-16 “基础环境（B3）”下的权重确定及一致性检验表

| B3(C9，C10，C11，C12，C13，C14）判断矩阵 | | | | | | | 特征向量 | 一致性检验 |
|---|---|---|---|---|---|---|---|---|
| B3 | C9 | C10 | C11 | C12 | C13 | C14 | $w_i$ | $CI=0.044$<br>$RI=0.89$<br>$CR=0.019<0.10$ |
| C9 | 1 | 5 | 4 | 4 | 3 | 2 | 0.364 | |
| C10 | 1/5 | 1 | 1/2 | 1/3 | 1/5 | 1/4 | 0.046 | |
| C11 | 1/4 | 2 | 1 | 1/2 | 1/4 | 1/3 | 0.069 | |

续表

| B3(C9，C10，C11，C12，C13，C14）判断矩阵 | | | | | | | 特征向量 | 一致性检验 |
|---|---|---|---|---|---|---|---|---|
| C12 | 1/4 | 3 | 2 | 1 | 1/3 | 1/2 | 0.104 | $CI=0.044$<br>$RI=0.89$<br>$CR=0.019<0.10$ |
| C13 | 1/3 | 5 | 4 | 3 | 1 | 2 | 0.242 | |
| C14 | 1/2 | 4 | 3 | 2 | 1/2 | 1 | 0.175 | |

## （三）综合评估指标多层次组合权重及一致性检验

完成底层指标权重的计算后，还需得出第二级指标的权重，并进行整体的一致性检验。在计算组合权重时，以A-B-C层级为例，B级指标对总目标A的相对权重为$w_i$，C级指标对所属B级指标的相对权重为$w_j$，则C级指标相对于总目标A的相对权重为$w_i \times w_j$。依次求出二级指标、一级指标相对组合权重后，进行总体一致性检验。总体一致性检验时，以A-B-C层级为例，B级指标相对于上一层权重为$w_i$，C级指标相对于上一层B级指标的一致性指标为$CI_i$，平均随机一致性指标为$RI_i$，则总体一致性比率计算为$CR=\frac{\sum_{i=1}^{n} w_i \cdot CI_i}{\sum_{i=1}^{n} w_i \cdot RI_i}<0.1$，表明判断矩阵总体一致性可接受。

通过软件yaaph计算后将各级指标权重汇总，如表6-17所示。

**表6-17　建筑业转型技术创新提升产能评价指标权重表**

| 总目标 | 一级指标 | 权重 | 二级指标 | 权重 |
|---|---|---|---|---|
| 建筑业转型技术创新提升产能（A） | 资源投入（B1） | 0.288 | 建筑业R&D经费内部支出（C1） | 0.067 |
| | | | 建筑业R&D人员全时当量（C2） | 0.040 |
| | | | 建筑业R&D人员数（C3） | 0.024 |
| | | | 建筑业硕士以上学历占R&D人员数（C4） | 0.155 |
| | 资源产出（B2） | 0.571 | 企业总产值（C5） | 0.172 |
| | | | 固定资产净值（C6） | 0.050 |
| | | | 存货（C7） | 0.258 |
| | | | 建筑业科技成果数量（C8） | 0.093 |

续表

| 总目标 | 一级指标 | 权重 | 二级指标 | 权重 |
|---|---|---|---|---|
| 建筑业转型技术创新提升产能（A） | 基础环境（B3） | 0.143 | 劳动生产率（C9） | 0.052 |
| | | | 从业人员数（C10） | 0.007 |
| | | | 技术装备率（C11） | 0.010 |
| | | | 建筑业企业个数（C12） | 0.015 |
| | | | 建筑业总产值（C13） | 0.035 |
| | | | 建设工程监理企业（C14） | 0.025 |

## 三、我国建筑业转型技术创新提升产能突变值计算

### （一）我国建筑业转型技术创新提升产能各级指标排序

对我国建筑业转型技术创新提升产能相关指标的各数据进行处理后需代入对应的突变模型，为了在后续计算中代入合适的突变模型，首先应对同一上层指标下的一级指标、二级指标分别进行权重排序。各级指标具体权重排序如表6-18和表6-19。

**表6-18　二级指标在其对应一级指标内权重降序排序表**

| 一级指标 | 二级指标 | 权重 |
|---|---|---|
| 资源投入（B1） | 建筑业R&D经费内部支出（C1） | 0.067 |
| | 建筑业R&D人员全时当量（C2） | 0.040 |
| | 建筑业R&D人员数（C3） | 0.024 |
| | 建筑业硕士以上学历占R&D人员数（C4） | 0.155 |
| 资源产出（B2） | 企业总产值（C5） | 0.172 |
| | 固定资产净值（C6） | 0.050 |
| | 存货（C7） | 0.258 |
| | 建筑业科技成果数量（C8） | 0.093 |
| 基础环境（B3） | 劳动生产率（C9） | 0.052 |
| | 从业人员数（C10） | 0.007 |
| | 技术装备率（C11） | 0.010 |
| | 建筑业企业个数（C12） | 0.015 |
| | 建筑业总产值（C13） | 0.035 |
| | 建设工程监理企业（C14） | 0.025 |

表6-19　一级指标在其对应总目标内权重降序排序表

| 总目标 | 一级指标 | 权重 |
| --- | --- | --- |
| 建筑业转型技术创新提升产能（A） | 资源投入（B1） | 0.288 |
| | 资源产出（B2） | 0.571 |
| | 基础环境（B3） | 0.143 |

## （二）以北京市2021年的各指标数据为例计算突变值

（1）对各级指标权重排序后，需要根据每个一级指标下对应的二级指标的个数和对应方式选择合适的突变模型。然后，将处理好的二级指标数据按照各自对应的突变隶属度代入到各公式中，以计算一级指标的突变隶属度。其计算过程如下。

① 资源投入（B1）突变值。此指标选择蝴蝶型突变模型进行计算，指标间对应关系为互补型。

$$b_1=\frac{1}{4}\left(c_4^{\frac{1}{2}}+c_1^{\frac{1}{3}}+c_2^{\frac{1}{4}}+c_3^{\frac{1}{5}}\right)=\frac{1}{4}\times\left(1.000^{\frac{1}{2}}+0.869^{\frac{1}{3}}+0.786^{\frac{1}{4}}+0.739^{\frac{1}{5}}\right)=0.849$$

② 资源产出（B2）突变值。此指标选择蝴蝶型突变模型进行计算，指标间对应关系为互补型。

$$b_2=\frac{1}{4}\left(c_5^{\frac{1}{2}}+c_7^{\frac{1}{3}}+c_8^{\frac{1}{4}}+c_6^{\frac{1}{5}}\right)=\frac{1}{4}\times\left(1.000^{\frac{1}{2}}+0.970^{\frac{1}{3}}+0.964^{\frac{1}{4}}+0.844^{\frac{1}{5}}\right)=0.944$$

③ 基础环境（B3）突变值。此指标选择推导突变模型进行计算，指标间对应关系为互补型。

$$b_3=\frac{1}{6}\left(c_9^{\frac{1}{2}}+c_{13}^{\frac{1}{3}}+c_{14}^{\frac{1}{4}}+c_{12}^{\frac{1}{5}}+c_{11}^{\frac{1}{6}}+c_{10}^{\frac{1}{7}}\right)$$

$$=\frac{1}{6}\times\left(0.821^{\frac{1}{2}}+0.714^{\frac{1}{3}}+0.768^{\frac{1}{4}}+0.734^{\frac{1}{5}}+0.756^{\frac{1}{6}}+0.671^{\frac{1}{7}}\right)=0.744$$

（2）将上一步算得的一级指标突变隶属度同样按照其对应的突变模型进行计算即可得到最终的总目标隶属度，其计算过程如下。

此指标选择燕尾型突变模型进行计算，指标间对应关系为互补型。

$$a=\frac{1}{3}\left(b_2^{\frac{1}{2}}+b_1^{\frac{1}{3}}+b_3^{\frac{1}{4}}\right)=\frac{1}{3}\times\left(0.944^{\frac{1}{2}}+0.849^{\frac{1}{3}}+0.744^{\frac{1}{4}}\right)=0.949$$

## 四、我国建筑业转型技术创新提升产能评价等级划分

由于突变级数法在评价结果中呈现较高的聚集性特征，通常情况下评价结果等级划分是运用分位数法、平均分段法等方法。考虑到其他方法在本次评价结果等级划分方面的不适用，$K$均值聚类分析是一个可行的选择。在$K$均值聚类分析中，首先选定适当数量的聚类中心点（$K$），然后计算每个因素与这些聚类中心点的距离，将每个因素归类到距离最近的聚类中心点所在的类群中。这样的过程反复迭代，直至满足终止条件。由于$K$均值聚类分析不受数据的绝对聚集程度影响，同时能够展现出评价结果的等级差异性，因此选择$K$均值聚类分析法来对建筑业转型技术创新提升产能进行等级划分是合适的。

将我国31个省份2012—2021年建筑业转型技术创新提升产能突变级数值作为聚类因素，运用SPSS软件中的$K$均值聚类进行分析，得到最终聚类中心对应等级、各聚类中心间的距离和各聚类因素个数分别如表6-20、表6-21和表6-22。

**表6-20　最终聚类中心点数值及对应等级**

| 聚类 | 第一类 | 第二类 | 第三类 | 第四类 | 第五类 |
|---|---|---|---|---|---|
| 中心点数值 | 0.901 | 0.828 | 0.549 | 0.762 | 0.654 |
| 评价等级 | 高 | 较高 | 低 | 中等 | 较低 |

**表6-21　各聚类中心间的距离**

| 聚类 | 第一类 | 第二类 | 第三类 | 第四类 | 第五类 |
|---|---|---|---|---|---|
| 第一类 | | 0.073 | 0.352 | 0.139 | 0.247 |
| 第二类 | 0.073 | | 0.279 | 0.066 | 0.174 |
| 第三类 | 0.352 | 0.279 | | 0.213 | 0.105 |

续表

| 聚类 | 第一类 | 第二类 | 第三类 | 第四类 | 第五类 |
|---|---|---|---|---|---|
| 第四类 | 0.139 | 0.066 | 0.213 | | 0.108 |
| 第五类 | 0.247 | 0.174 | 0.105 | 0.108 | |

**表6-22 各聚类中因素个数**

| 项目 | | 个数 |
|---|---|---|
| 聚类 | 第一类 | 72.000 |
| | 第二类 | 111.000 |
| | 第三类 | 8.000 |
| | 第四类 | 86.000 |
| | 第五类 | 33.000 |
| 有效 | | 310.000 |
| 缺失 | | 0.000 |

根据上述表格可得出评价区间等级划分如表6-23所示。

**表6-23 评级等级区间表**

| 等级 | 低 | 较低 | 中等 | 较高 | 高 |
|---|---|---|---|---|---|
| 区间 | [0, 0602] | [0.062, 0.708] | [0.708, 0.795] | [0.795, 0.865] | [0.865, 1] |

确定评价等级区间后，我国2012—2021年建筑业转型技术创新提升产能评价结果如表6-24所示。

表6-24 我国2012—2021年建筑业转型技术创新提升产能评价结果表

| 2012 | | 2013 | | 2014 | | 2015 | | 2016 | | 2017 | | 2018 | | 2019 | | 2020 | | 2021 | |
|---|---|---|---|---|---|---|---|---|---|---|---|---|---|---|---|---|---|---|---|
| 地区 | 评价结果 | 地区 | 评价结果 | 地区 | 评价结果 | 地区 | 评价结果 | 地区 | 评价结果 | 地区 | 评价结果 | 地区 | 评价结果 | 地区 | 评价结果 | 地区 | 评价结果 | 地区 | 评价结果 |
| 北京市 | 0.885 | 北京市 | 0.894 | 北京市 | 0.894 | 北京市 | 0.900 | 北京市 | 0.903 | 北京市 | 0.911 | 北京市 | 0.923 | 北京市 | 0.938 | 北京市 | 0.944 | 北京市 | 0.949 |
| 天津市 | 0.803 | 天津市 | 0.812 | 天津市 | 0.812 | 天津市 | 0.824 | 天津市 | 0.823 | 天津市 | 0.818 | 天津市 | 0.827 | 天津市 | 0.832 | 天津市 | 0.831 | 天津市 | 0.845 |
| 河北省 | 0.800 | 河北省 | 0.808 | 河北省 | 0.808 | 河北省 | 0.815 | 河北省 | 0.820 | 河北省 | 0.828 | 河北省 | 0.837 | 河北省 | 0.840 | 河北省 | 0.851 | 河北省 | 0.851 |
| 山西省 | 0.767 | 山西省 | 0.773 | 山西省 | 0.773 | 山西省 | 0.776 | 山西省 | 0.783 | 山西省 | 0.790 | 山西省 | 0.802 | 山西省 | 0.808 | 山西省 | 0.820 | 山西省 | 0.825 |
| 内蒙古自治区 | 0.736 | 内蒙古自治区 | 0.741 | 内蒙古自治区 | 0.741 | 内蒙古自治区 | 0.742 | 内蒙古自治区 | 0.745 | 内蒙古自治区 | 0.744 | 内蒙古自治区 | 0.744 | 内蒙古自治区 | 0.748 | 内蒙古自治区 | 0.757 | 内蒙古自治区 | 0.757 |
| 辽宁省 | 0.829 | 辽宁省 | 0.837 | 辽宁省 | 0.837 | 辽宁省 | 0.835 | 辽宁省 | 0.829 | 辽宁省 | 0.830 | 辽宁省 | 0.837 | 辽宁省 | 0.847 | 辽宁省 | 0.851 | 辽宁省 | 0.850 |
| 吉林省 | 0.767 | 吉林省 | 0.772 | 吉林省 | 0.772 | 吉林省 | 0.778 | 吉林省 | 0.780 | 吉林省 | 0.780 | 吉林省 | 0.782 | 吉林省 | 0.789 | 吉林省 | 0.797 | 吉林省 | 0.802 |
| 黑龙江省 | 0.774 | 黑龙江省 | 0.776 | 黑龙江省 | 0.776 | 黑龙江省 | 0.770 | 黑龙江省 | 0.772 | 黑龙江省 | 0.771 | 黑龙江省 | 0.774 | 黑龙江省 | 0.784 | 黑龙江省 | 0.786 | 黑龙江省 | 0.791 |
| 上海市 | 0.845 | 上海市 | 0.849 | 上海市 | 0.849 | 上海市 | 0.858 | 上海市 | 0.862 | 上海市 | 0.869 | 上海市 | 0.881 | 上海市 | 0.891 | 上海市 | 0.899 | 上海市 | 0.905 |
| 江苏省 | 0.898 | 江苏省 | 0.908 | 江苏省 | 0.908 | 江苏省 | 0.921 | 江苏省 | 0.926 | 江苏省 | 0.931 | 江苏省 | 0.941 | 江苏省 | 0.953 | 江苏省 | 0.966 | 江苏省 | 0.967 |
| 浙江省 | 0.860 | 浙江省 | 0.869 | 浙江省 | 0.869 | 浙江省 | 0.881 | 浙江省 | 0.886 | 浙江省 | 0.893 | 浙江省 | 0.902 | 浙江省 | 0.907 | 浙江省 | 0.922 | 浙江省 | 0.924 |
| 安徽省 | 0.800 | 安徽省 | 0.810 | 安徽省 | 0.810 | 安徽省 | 0.821 | 安徽省 | 0.825 | 安徽省 | 0.832 | 安徽省 | 0.844 | 安徽省 | 0.854 | 安徽省 | 0.868 | 安徽省 | 0.877 |
| 福建省 | 0.775 | 福建省 | 0.788 | 福建省 | 0.788 | 福建省 | 0.810 | 福建省 | 0.817 | 福建省 | 0.825 | 福建省 | 0.838 | 福建省 | 0.846 | 福建省 | 0.862 | 福建省 | 0.867 |

续表

| 2012 | | 2013 | | 2014 | | 2015 | | 2016 | | 2017 | | 2018 | | 2019 | | 2020 | | 2021 | |
|---|---|---|---|---|---|---|---|---|---|---|---|---|---|---|---|---|---|---|---|
| 地区 | 评价结果 | 地区 | 评价结果 | 地区 | 评价结果 | 地区 | 评价结果 | 地区 | 评价结果 | 地区 | 评价结果 | 地区 | 评价结果 | 地区 | 评价结果 | 地区 | 评价结果 | 地区 | 评价结果 |
| 江西省 | 0.751 | 江西省 | 0.761 | 江西省 | 0.761 | 江西省 | 0.770 | 江西省 | 0.780 | 江西省 | 0.789 | 江西省 | 0.810 | 江西省 | 0.813 | 江西省 | 0.830 | 江西省 | 0.834 |
| 山东省 | 0.854 | 山东省 | 0.866 | 山东省 | 0.866 | 山东省 | 0.878 | 山东省 | 0.883 | 山东省 | 0.893 | 山东省 | 0.901 | 山东省 | 0.908 | 山东省 | 0.923 | 山东省 | 0.929 |
| 河南省 | 0.816 | 河南省 | 0.825 | 河南省 | 0.825 | 河南省 | 0.835 | 河南省 | 0.841 | 河南省 | 0.848 | 河南省 | 0.860 | 河南省 | 0.868 | 河南省 | 0.881 | 河南省 | 0.883 |
| 湖北省 | 0.840 | 湖北省 | 0.850 | 湖北省 | 0.850 | 湖北省 | 0.861 | 湖北省 | 0.862 | 湖北省 | 0.872 | 湖北省 | 0.884 | 湖北省 | 0.897 | 湖北省 | 0.905 | 湖北省 | 0.913 |
| 湖南省 | 0.797 | 湖南省 | 0.804 | 湖南省 | 0.804 | 湖南省 | 0.817 | 湖南省 | 0.825 | 湖南省 | 0.833 | 湖南省 | 0.844 | 湖南省 | 0.854 | 湖南省 | 0.867 | 湖南省 | 0.870 |
| 广东省 | 0.870 | 广东省 | 0.878 | 广东省 | 0.878 | 广东省 | 0.891 | 广东省 | 0.899 | 广东省 | 0.908 | 广东省 | 0.929 | 广东省 | 0.940 | 广东省 | 0.957 | 广东省 | 0.959 |
| 广西壮族自治区 | 0.746 | 广西壮族自治区 | 0.751 | 广西壮族自治区 | 0.751 | 广西壮族自治区 | 0.756 | 广西壮族自治区 | 0.761 | 广西壮族自治区 | 0.766 | 广西壮族自治区 | 0.776 | 广西壮族自治区 | 0.785 | 广西壮族自治区 | 0.795 | 广西壮族自治区 | 0.808 |
| 海南省 | 0.611 | 海南省 | 0.623 | 海南省 | 0.623 | 海南省 | 0.625 | 海南省 | 0.630 | 海南省 | 0.608 | 海南省 | 0.645 | 海南省 | 0.653 | 海南省 | 0.660 | 海南省 | 0.680 |
| 重庆市 | 0.775 | 重庆市 | 0.785 | 重庆市 | 0.785 | 重庆市 | 0.798 | 重庆市 | 0.805 | 重庆市 | 0.811 | 重庆市 | 0.816 | 重庆市 | 0.823 | 重庆市 | 0.833 | 重庆市 | 0.840 |
| 四川省 | 0.821 | 四川省 | 0.832 | 四川省 | 0.832 | 四川省 | 0.847 | 四川省 | 0.851 | 四川省 | 0.860 | 四川省 | 0.875 | 四川省 | 0.884 | 四川省 | 0.895 | 四川省 | 0.905 |
| 贵州省 | 0.706 | 贵州省 | 0.722 | 贵州省 | 0.722 | 贵州省 | 0.741 | 贵州省 | 0.748 | 贵州省 | 0.761 | 贵州省 | 0.772 | 贵州省 | 0.783 | 贵州省 | 0.798 | 贵州省 | 0.800 |
| 云南省 | 0.750 | 云南省 | 0.760 | 云南省 | 0.760 | 云南省 | 0.778 | 云南省 | 0.784 | 云南省 | 0.790 | 云南省 | 0.802 | 云南省 | 0.808 | 云南省 | 0.819 | 云南省 | 0.822 |

续表

| 2012 | | 2013 | | 2014 | | 2015 | | 2016 | | 2017 | | 2018 | | 2019 | | 2020 | | 2021 | |
|---|---|---|---|---|---|---|---|---|---|---|---|---|---|---|---|---|---|---|---|
| 地区 | 评价结果 | 地区 | 评价结果 | 地区 | 评价结果 | 地区 | 评价结果 | 地区 | 评价结果 | 地区 | 评价结果 | 地区 | 评价结果 | 地区 | 评价结果 | 地区 | 评价结果 | 地区 | 评价结果 |
| 西藏自治区 | 0.527 | 西藏自治区 | 0.539 | 西藏自治区 | 0.539 | 西藏自治区 | 0.536 | 西藏自治区 | 0.518 | 西藏自治区 | 0.575 | 西藏自治区 | 0.590 | 西藏自治区 | 0.603 | 西藏自治区 | 0.587 | 西藏自治区 | 0.623 |
| 陕西省 | 0.799 | 陕西省 | 0.809 | 陕西省 | 0.809 | 陕西省 | 0.820 | 陕西省 | 0.826 | 陕西省 | 0.834 | 陕西省 | 0.846 | 陕西省 | 0.861 | 陕西省 | 0.871 | 陕西省 | 0.877 |
| 甘肃省 | 0.725 | 甘肃省 | 0.733 | 甘肃省 | 0.733 | 甘肃省 | 0.742 | 甘肃省 | 0.746 | 甘肃省 | 0.748 | 甘肃省 | 0.753 | 甘肃省 | 0.768 | 甘肃省 | 0.774 | 甘肃省 | 0.785 |
| 青海省 | 0.636 | 青海省 | 0.642 | 青海省 | 0.642 | 青海省 | 0.645 | 青海省 | 0.647 | 青海省 | 0.654 | 青海省 | 0.657 | 青海省 | 0.665 | 青海省 | 0.672 | 青海省 | 0.678 |
| 宁夏回族自治区 | 0.657 | 宁夏回族自治区 | 0.658 | 宁夏回族自治区 | 0.658 | 宁夏回族自治区 | 0.667 | 宁夏回族自治区 | 0.672 | 宁夏回族自治区 | 0.675 | 宁夏回族自治区 | 0.681 | 宁夏回族自治区 | 0.683 | 宁夏回族自治区 | 0.690 | 宁夏回族自治区 | 0.693 |
| 新疆维吾尔自治区 | 0.714 | 新疆维吾尔自治区 | 0.722 | 新疆维吾尔自治区 | 0.722 | 新疆维吾尔自治区 | 0.731 | 新疆维吾尔自治区 | 0.736 | 新疆维吾尔自治区 | 0.738 | 新疆维吾尔自治区 | 0.745 | 新疆维吾尔自治区 | 0.748 | 新疆维吾尔自治区 | 0.752 | 新疆维吾尔自治区 | 0.766 |

## 第二节　我国建筑业转型技术创新提升产能评价

根据我国2012—2021年建筑业转型技术创新提升产能评价结果表，可以将我国建筑业转型技术创新提升产能水平划分为四个梯队。

第一梯队主要有北京市、江苏省、上海市、浙江省、山东省和广东省，在建筑业转型中技术创新和产能提升处于相对高水平且稳步增长，在全国范围内处于领先水平。2017年，北京市提出了到2020年新建筑面积中预制建筑的比例超过30%的目标，远高于全国平均水平的15%。这一举措不仅对建筑行业转型提出了更高要求，也推动了建筑行业创新成果的转化，促进了北京建筑行业的快速发展。江苏、上海和浙江位于长江三角洲城市群，借助改革开放的机遇，这些地区聚集了大量创新基础设施、人才和技术优势。它们一直处于省级经济综合竞争力和科技创新水平的领先地位，为建设行业创新提供了平台和条件。作为京津冀协同发展国家战略的重要组成部分，山东近年来逐渐与北京、天津和河北形成了“一小时生活圈”，逐步形成了与京津冀地区的互利共赢经济发展新格局。广东省位于中国南部沿海地区，依托政策和地理优势，通过大力发展对外经济，吸引了大量外资流入。深圳、珠海和汕头是我国首批设立的经济特区。粤港澳大湾区的建设为我国经济发展开辟了新思路。珠江三角洲是亚太地区最具活力的经济区之一，而大湾区则是广东省经济发展的核心引擎，进一步推动了广东省的经济增长。由于政策和资源的优势，广东省经历了快速的经济发展，成为我国首个GDP超过10万亿元的省份。

第二梯队主要有天津市、河北省、辽宁省、安徽省、福建省、湖北省、湖南省、重庆市、四川省和陕西省，技术创新和产能提升处于相对中高水平，在部分省份表现不够稳定。天津位于环渤海经济圈，是中国北方最大的港口城市之一，同时也是最早对外开放的沿海城市之一，由于其具有显著的地理位置和政策优势，在经济发展中扮演着重要角色。然而，尽管天津是一座历史悠久的直辖市，但其总体经济产出与一线城市仍存在一定差距。主要原因在于天津的城市功能定位不明确。近年来，随着渤海湾航运的快速发展，天津传统港口的垄断优势逐渐减弱。此外，受2017年以来的环保政策影响，许多高耗能、高污染的企业关闭，直接影响了天津上下游产业的协调发展。福建自2010年以来加大了对建筑行业的政策支持。2011年，福建开始在建筑公司信用评价、税收监管、劳动保险费等方面发布重大政策，进一步规范了福建的建筑市场，也为建筑行业的技术创新提供了更多保障。重庆的建筑行业发展稳步推进。2013年，重庆建筑业增加值首次突破1000亿元。对建筑行业创新的投资增加，建筑行业创新产出的转化率提高。2013年9月，重庆对五大功能区进行了重新组织划分，重塑了重庆建筑市场的发展格局，优化了各功能区的资源配置，促进了建筑行业的发展。

第三梯队主要有内蒙古自治区、吉林省、江西省、河南省、山西省、广西壮族自治区、黑龙江省、贵州省、云南省、甘肃省和新疆维吾尔自治区，技术创新和产能提升处于相对中等水平，在多个年份未能保持稳定的提升趋势。这些地区主要位于我国的东北、西北和西南地区。由于经济发展相对落后，这些地区的经济增长对促进建筑行业技术创新的作用有限，建筑行业的转型受到宏观政策调控的限制，同时自主创新能力较弱，建筑行业技术创新处于较低水平。

第四梯队主要有青海省、宁夏回族自治区、海南省和西藏自治区，技术创新和产能提升处于相对较低水平，并且波动较大，未能在这段时间内实现明显的提升。自西部大开发战略提出以来，我国西部地区的经济发展水平得到了显著改善。

综上所述，这十年间不同地区在建筑业转型技术创新和产能水平提升方面存在显著差异。某些地区如江苏省、上海市、浙江省和广东省在技术创新和产能提升方面呈现出稳步增长的趋势，可能与其经济发展水平、产业结构和技术投入相关。而像海南省、青海省、西藏自治区等地区的建筑业转型技术创新和产能水平波动较大，可能受制于地区特定的经济环境、政策支持和技术投入等因素。从2012年到2021年，中国31个地区在建筑行业转型中的技术创新水平和生产能力提升呈现出明显的“递增梯度”模式，表现为从西向东递增的趋势，这显示出明显的“东高西低”的空间特征。具体来说，北京、江苏、广东、上海和浙江五个地区处于全国领先水平，表现出较高的技术创新水平和生产能力提升。

## 本章小结

本章首先将相关指标数据收集并做相应处理，得到指标计算变量原始数据后，先通过专家调查法对指标相对重要性数值进行获取，再用层次分析法对其进行权重确定。在指标权重排序完成后，运用对应突变模型对指标进行突变值计算，得到相应年份我国31个地区的突变级数值。然后选用*K*均值聚类分析法来对31个省份建筑业转型技术创新提升产能水平进行等级划分。最后得出结论：技术创新提升产能水平处于相对高水平的地区主要有北京市、江苏省、上海市、浙江省、山东省和广东省；技术创新提升产能水平处于相对较高水平的地区主要有天津市、河北省、辽宁省、安徽省、福建省、湖北省、湖南省、重庆市、四川省和陕西省；技术创新提升产能水平处于中等水平的地区主要有内蒙古自治区、吉林省、江西省、河南省、山西省、广西壮族自治区、黑龙江省、贵州省、云南省、甘肃省和新疆维吾尔自治区；技术创新提升产能水平处于相对较低水平的地区主要有青海省、宁夏回族自治区、海南省和西藏自治区。

# 第七章　我国建筑业转型技术创新提升产能时空演化分析

## 第一节　我国建筑业转型技术创新提升产能空间分析

### 一、我国建筑业转型技术创新提升产能空间分布

#### （1）空间模型的构建

在构建我国建筑业转型技术创新提升产能空间模型之前，首先需基于国家基础地理信息中心获取地区的各种地理信息，并借助自然资源部提供的最新标准地图，运用ArcGIS软件制作比例尺为1：1000000的相关地理信息数据，并从其中选取我国除香港特别行政区、澳门特别行政区、台湾省外的31个地区的相关地理信息，设定为新图层。随后将2012—2021年的我国31个省、自治区、直辖市的建筑业转型技术创新提升产能的数据和ArcGIS中各个省份对应的图层进行关联，从而形成我国31个省、自治区、直辖市2012—2021年建筑业转型技术创新提升产能评价的GIS空间模型。

#### （2）总目标评价等级空间分布状况

在形成我国2012—2021年31个省、自治区、直辖市的建筑业转型技术创新提升产能评价的GIS空间模型后，运用ArcGIS软件将本研究的评价等级划分区间导入，得到我国31个省、自治区、直辖市2012—2021年的建筑业转型技术创新提升产能等级分布图，并将其归纳得到表7-1。

**表7-1　2012—2021年我国建筑业转型技术创新提升产能空间等级分布表**

| 2012 | | 2013 | | 2014 | | 2015 | | 2016 | | 2017 | | 2018 | | 2019 | | 2020 | | 2021 | |
|---|---|---|---|---|---|---|---|---|---|---|---|---|---|---|---|---|---|---|---|
| 地区 | 空间等级 | 地区 | 空间等级 | 地区 | 空间等级 | 地区 | 空间等级 | 地区 | 空间等级 | 地区 | 空间等级 | 地区 | 空间等级 | 地区 | 空间等级 | 地区 | 空间等级 | 地区 | 空间等级 |
| 北京市 | 高 | 北京市 | 高 | 北京市 | 高 | 北京市 | 高 | 北京市 | 高 | 北京市 | 高 | 北京市 | 高 | 北京市 | 高 | 北京市 | 高 | 北京市 | 高 |
| 天津市 | 较高 | 天津市 | 较高 | 天津市 | 较高 | 天津市 | 较高 | 天津市 | 较高 | 天津市 | 较高 | 天津市 | 较高 | 天津市 | 较高 | 天津市 | 较高 | 天津市 | 较高 |
| 河北省 | 较高 | 河北省 | 较高 | 河北省 | 较高 | 河北省 | 较高 | 河北省 | 较高 | 河北省 | 较高 | 河北省 | 较高 | 河北省 | 较高 | 河北省 | 较高 | 河北省 | 较高 |
| 山西省 | 中等 | 山西省 | 中等 | 山西省 | 中等 | 山西省 | 中等 | 山西省 | 中等 | 山西省 | 中等 | 山西省 | 较高 | 山西省 | 较高 | 山西省 | 较高 | 山西省 | 较高 |
| 内蒙古自治区 | 中等 | 内蒙古自治区 | 中等 | 内蒙古自治区 | 中等 | 内蒙古自治区 | 中等 | 内蒙古自治区 | 中等 | 内蒙古自治区 | 中等 | 内蒙古自治区 | 中等 | 内蒙古自治区 | 中等 | 内蒙古自治区 | 中等 | 内蒙古自治区 | 中等 |
| 辽宁省 | 较高 | 辽宁省 | 较高 | 辽宁省 | 较高 | 辽宁省 | 较高 | 辽宁省 | 较高 | 辽宁省 | 较高 | 辽宁省 | 较高 | 辽宁省 | 较高 | 辽宁省 | 较高 | 辽宁省 | 较高 |
| 吉林省 | 中等 | 吉林省 | 中等 | 吉林省 | 中等 | 吉林省 | 中等 | 吉林省 | 中等 | 吉林省 | 中等 | 吉林省 | 中等 | 吉林省 | 中等 | 吉林省 | 较高 | 吉林省 | 较高 |
| 黑龙江省 | 中等 | 黑龙江省 | 中等 | 黑龙江省 | 中等 | 黑龙江省 | 中等 | 黑龙江省 | 中等 | 黑龙江省 | 中等 | 黑龙江省 | 中等 | 黑龙江省 | 中等 | 黑龙江省 | 中等 | 黑龙江省 | 中等 |
| 上海市 | 较高 | 上海市 | 较高 | 上海市 | 较高 | 上海市 | 较高 | 上海市 | 较高 | 上海市 | 高 | 上海市 | 高 | 上海市 | 高 | 上海市 | 高 | 上海市 | 高 |
| 江苏省 | 高 | 江苏省 | 高 | 江苏省 | 高 | 江苏省 | 高 | 江苏省 | 高 | 江苏省 | 高 | 江苏省 | 高 | 江苏省 | 高 | 江苏省 | 高 | 江苏省 | 高 |
| 浙江省 | 较高 | 浙江省 | 高 | 浙江省 | 高 | 浙江省 | 高 | 浙江省 | 高 | 浙江省 | 高 | 浙江省 | 高 | 浙江省 | 高 | 浙江省 | 高 | 浙江省 | 高 |
| 安徽省 | 较高 | 安徽省 | 较高 | 安徽省 | 较高 | 安徽省 | 较高 | 安徽省 | 较高 | 安徽省 | 较高 | 安徽省 | 较高 | 安徽省 | 较高 | 安徽省 | 高 | 安徽省 | 高 |
| 福建省 | 中等 | 福建省 | 中等 | 福建省 | 较高 | 福建省 | 较高 | 福建省 | 较高 | 福建省 | 较高 | 福建省 | 较高 | 福建省 | 较高 | 福建省 | 较高 | 福建省 | 高 |
| 江西省 | 中等 | 江西省 | 中等 | 江西省 | 中等 | 江西省 | 中等 | 江西省 | 中等 | 江西省 | 中等 | 江西省 | 较高 | 江西省 | 较高 | 江西省 | 较高 | 江西省 | 较高 |

续表

| 2012 | | 2013 | | 2014 | | 2015 | | 2016 | |
|---|---|---|---|---|---|---|---|---|---|
| 地区 | 空间等级 | 地区 | 空间等级 | 地区 | 空间等级 | 地区 | 空间等级 | 地区 | 空间等级 |
| 山东省 | 较高 | 山东省 | 高 | 山东省 | 高 | 山东省 | 高 | 山东省 | 高 |
| 河南省 | 较高 | 河南省 | 较高 | 河南省 | 较高 | 河南省 | 较高 | 河南省 | 较高 |
| 湖北省 | 较高 | 湖北省 | 较高 | 湖北省 | 较高 | 湖北省 | 较高 | 湖北省 | 较高 |
| 湖南省 | 较高 | 湖南省 | 较高 | 湖南省 | 较高 | 湖南省 | 较高 | 湖南省 | 较高 |
| 广东省 | 高 | 广东省 | 高 | 广东省 | 高 | 广东省 | 高 | 广东省 | 高 |
| 广西壮族自治区 | 中等 | 广西壮族自治区 | 中等 | 广西壮族自治区 | 中等 | 广西壮族自治区 | 中等 | 广西壮族自治区 | 中等 |
| 海南省 | 较低 | 海南省 | 较低 | 海南省 | 较低 | 海南省 | 较低 | 海南省 | 较低 |
| 重庆市 | 中等 | 重庆市 | 中等 | 重庆市 | 中等 | 重庆市 | 较高 | 重庆市 | 较高 |
| 四川省 | 较高 | 四川省 | 较高 | 四川省 | 较高 | 四川省 | 较高 | 四川省 | 较高 |
| 贵州省 | 较低 | 贵州省 | 中等 | 贵州省 | 中等 | 贵州省 | 中等 | 贵州省 | 中等 |
| 云南省 | 中等 | 云南省 | 中等 | 云南省 | 中等 | 云南省 | 中等 | 云南省 | 中等 |
| 西藏自治区 | 低 | 西藏自治区 | 低 | 西藏自治区 | 低 | 西藏自治区 | 低 | 西藏自治区 | 低 |

| 2017 | | 2018 | | 2019 | | 2020 | | 2021 | |
|---|---|---|---|---|---|---|---|---|---|
| 地区 | 空间等级 | 地区 | 空间等级 | 地区 | 空间等级 | 地区 | 空间等级 | 地区 | 空间等级 |
| 山东省 | 高 | 山东省 | 高 | 山东省 | 高 | 山东省 | 高 | 山东省 | 高 |
| 河南省 | 较高 | 河南省 | 较高 | 河南省 | 高 | 河南省 | 高 | 河南省 | 高 |
| 湖北省 | 高 | 湖北省 | 高 | 湖北省 | 高 | 湖北省 | 高 | 湖北省 | 高 |
| 湖南省 | 较高 | 湖南省 | 较高 | 湖南省 | 较高 | 湖南省 | 高 | 湖南省 | 高 |
| 广东省 | 高 | 广东省 | 高 | 广东省 | 高 | 广东省 | 高 | 广东省 | 高 |
| 广西壮族自治区 | 中等 | 广西壮族自治区 | 中等 | 广西壮族自治区 | 中等 | 广西壮族自治区 | 较高 | 广西壮族自治区 | 较高 |
| 海南省 | 较低 | 海南省 | 较低 | 海南省 | 较低 | 海南省 | 较低 | 海南省 | 较低 |
| 重庆市 | 较高 | 重庆市 | 较高 | 重庆市 | 较高 | 重庆市 | 较高 | 重庆市 | 较高 |
| 四川省 | 较高 | 四川省 | 高 | 四川省 | 高 | 四川省 | 高 | 四川省 | 高 |
| 贵州省 | 中等 | 贵州省 | 中等 | 贵州省 | 中等 | 贵州省 | 较高 | 贵州省 | 较高 |
| 云南省 | 中等 | 云南省 | 较高 | 云南省 | 较高 | 云南省 | 较高 | 云南省 | 较高 |
| 西藏自治区 | 低 | 西藏自治区 | 低 | 西藏自治区 | 较低 | 西藏自治区 | 低 | 西藏自治区 | 较低 |

续表

| 2012 | | 2013 | | 2014 | | 2015 | | 2016 | | 2017 | | 2018 | | 2019 | | 2020 | | 2021 | |
|---|---|---|---|---|---|---|---|---|---|---|---|---|---|---|---|---|---|---|---|
| 地区 | 空间等级 | 地区 | 空间等级 | 地区 | 空间等级 | 地区 | 空间等级 | 地区 | 空间等级 | 地区 | 空间等级 | 地区 | 空间等级 | 地区 | 空间等级 | 地区 | 空间等级 | 地区 | 空间等级 |
| 陕西省 | 较高 | 陕西省 | 较高 | 陕西省 | 较高 | 陕西省 | 较高 | 陕西省 | 较高 | 陕西省 | 较高 | 陕西省 | 较高 | 陕西省 | 较高 | 陕西省 | 高 | 陕西省 | 高 |
| 甘肃省 | 中等 | 甘肃省 | 中等 | 甘肃省 | 中等 | 甘肃省 | 中等 | 甘肃省 | 中等 | 甘肃省 | 中等 | 甘肃省 | 中等 | 甘肃省 | 中等 | 甘肃省 | 中等 | 甘肃省 | 中等 |
| 青海省 | 较低 | 青海省 | 较低 | 青海省 | 较低 | 青海省 | 较低 | 青海省 | 较低 | 青海省 | 较低 | 青海省 | 较低 | 青海省 | 较低 | 青海省 | 较低 | 青海省 | 较低 |
| 宁夏回族自治区 | 较低 | 宁夏回族自治区 | 较低 | 宁夏回族自治区 | 较低 | 宁夏回族自治区 | 较低 | 宁夏回族自治区 | 较低 | 宁夏回族自治区 | 较低 | 宁夏回族自治区 | 较低 | 宁夏回族自治区 | 较低 | 宁夏回族自治区 | 较低 | 宁夏回族自治区 | 较低 |
| 新疆维吾尔自治区 | 中等 | 新疆维吾尔自治区 | 中等 | 新疆维吾尔自治区 | 中等 | 新疆维吾尔自治区 | 中等 | 新疆维吾尔自治区 | 中等 | 新疆维吾尔自治区 | 中等 | 新疆维吾尔自治区 | 中等 | 新疆维吾尔自治区 | 中等 | 新疆维吾尔自治区 | 中等 | 新疆维吾尔自治区 | 中等 |

## 二、建筑业转型技术创新提升产能空间相关性

### （1）构建空间矩阵

水平相关性使用空间分析软件GeoDa进行分析，其具体空间矩阵关系如表7-2所示。

表7-2 空间矩阵关系表

| 空间矩阵类型 | 空间矩阵关系 |
| --- | --- |
| Rook contiguity型 | 一般用于借助两因素间的空间关系作为有公共边构建空间矩阵 |
| Queen contiguity型 | 一般用于凭借两因素间空间关系作为有公共边或者公共点构建空间矩阵 |
| K-Nearest Neighbors型 | 一般在固定要素相邻数量后凭借两要素间距离构建空间矩阵 |
| Threshold distance型 | 一般用于以两要素间距离来构建空间矩阵 |

本研究在ArcGIS中所构建的模型主要涉及我国31个省份的地理空间和建筑业转型技术创新提升产能水平间的关系，因此，本研究选取Rook contiguity型能够体现相关空间分布关系、满足本研究所选地区的空间矩阵，得到空间邻接矩阵的相关情况。

### （2）建筑业转型技术创新提升产能空间全局相关性

空间全局相关性主要以其莫兰（Moran）指数和$z$得分来进行评判。本书选用ArcGIS里的空间相关性计算莫兰指数。由于本书中实现距离会影响主要秩序，故本书选择运用欧氏距离来进行全局空间相关性分析。借助ArcGIS软件中的空间自相关工具，我们对我国各地区2012年至2021年的建筑业转型技术创新提升产能水平进行了分析，得到了莫兰指数及其他相关指标的计算结果，具体数据见图7-1～图7-10。

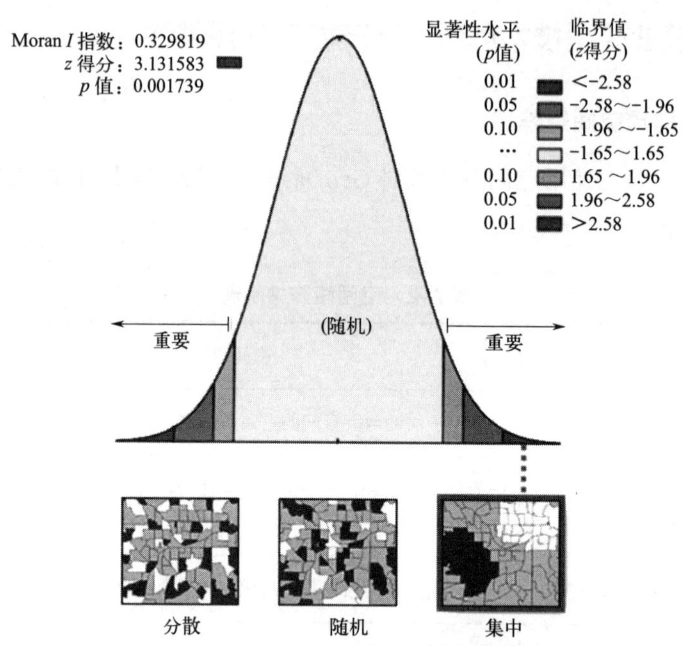


图7-1　2012年全局空间相关性分析结果图

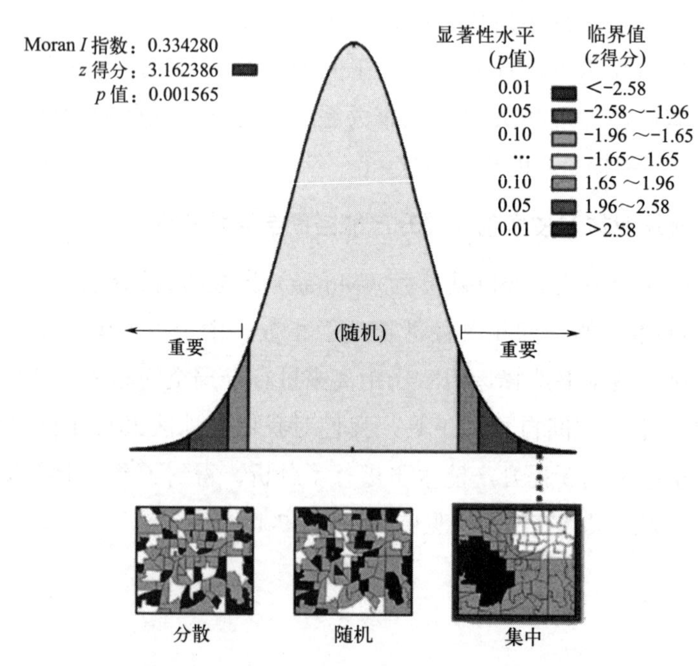


图7-2　2013年全局空间相关性分析结果图

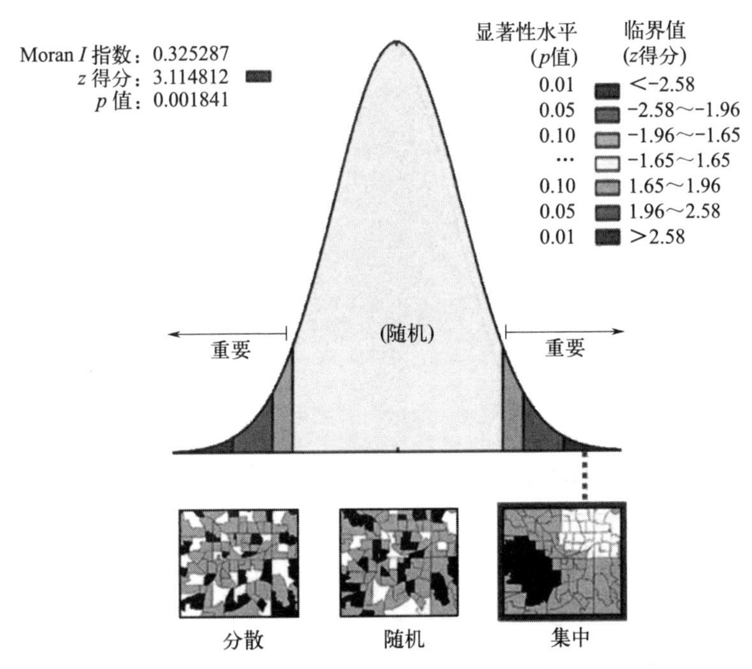


图7-3　2014年全局空间相关性分析结果图

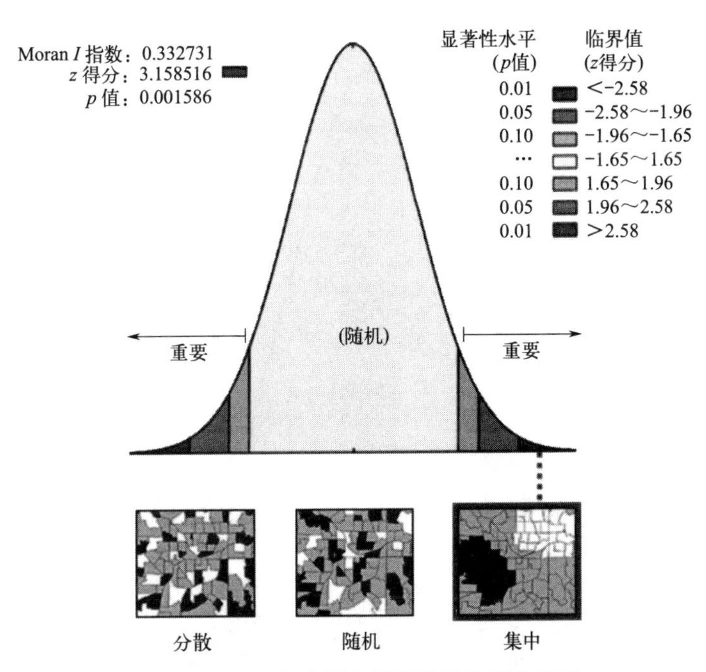


图7-4　2015年全局空间相关性分析结果图

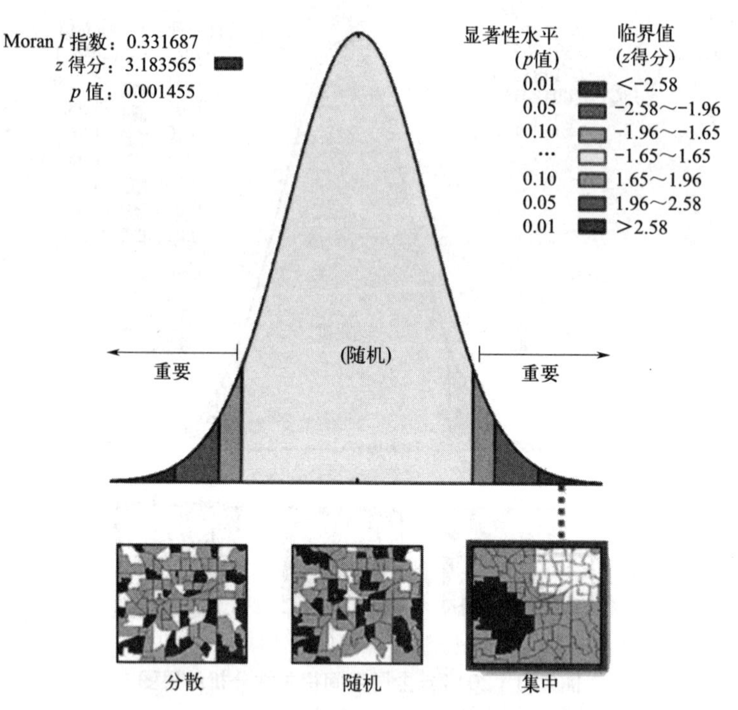


图7-5　2016年全局空间相关性分析结果图

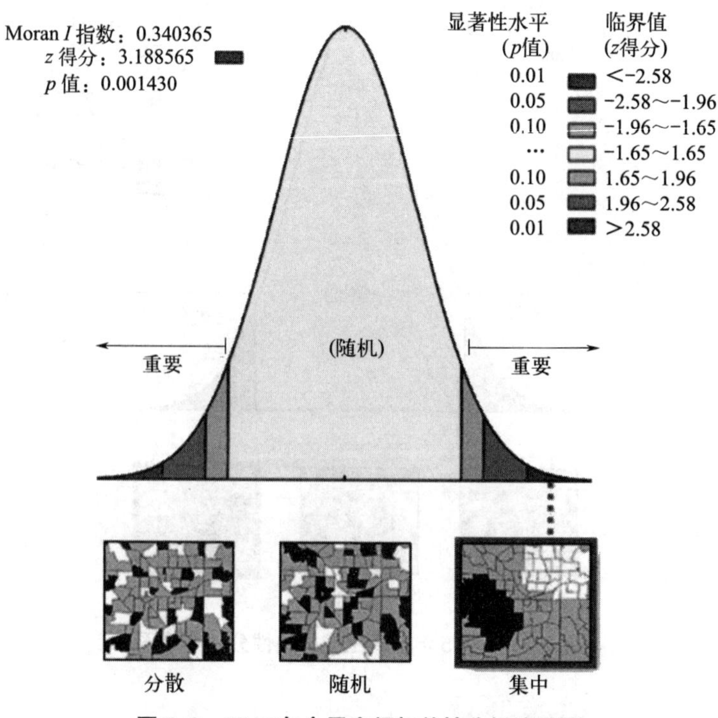


图7-6　2017年全局空间相关性分析结果图

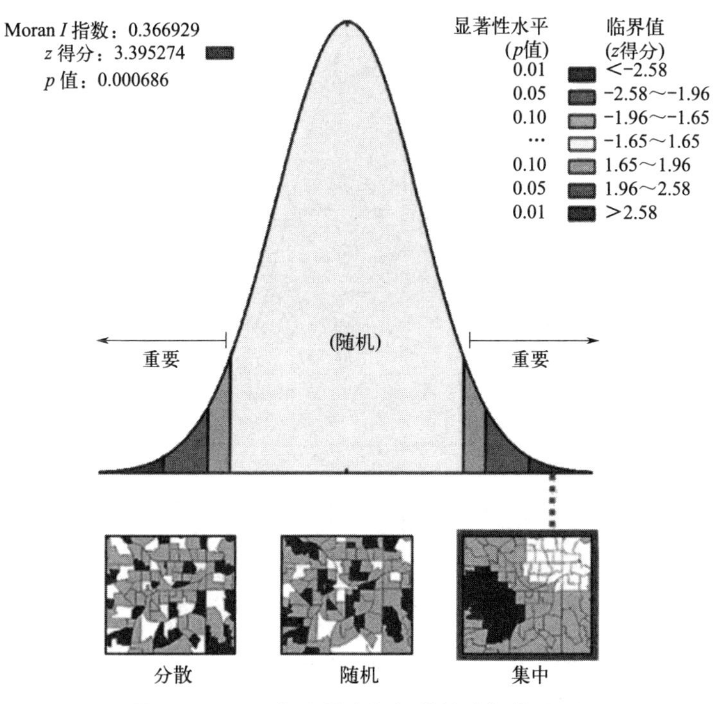


图7-7　2018年全局空间相关性分析结果图

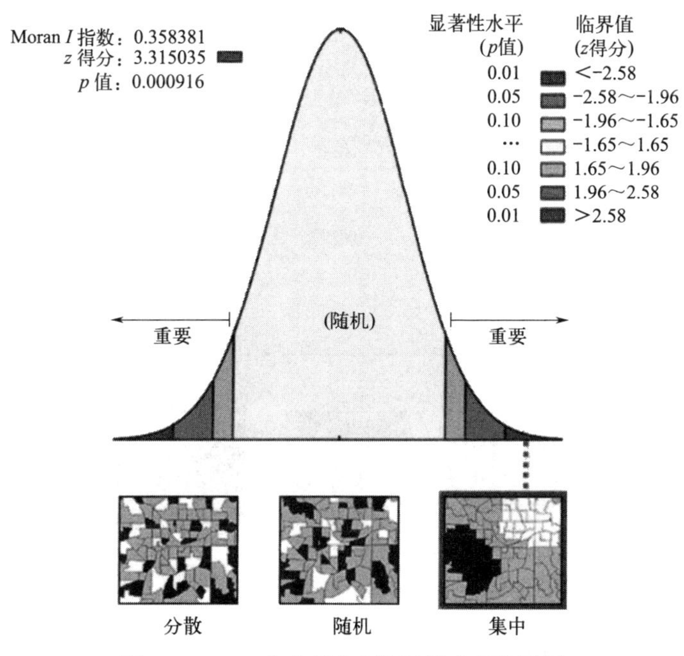


图7-8　2019年全局空间相关性分析结果图

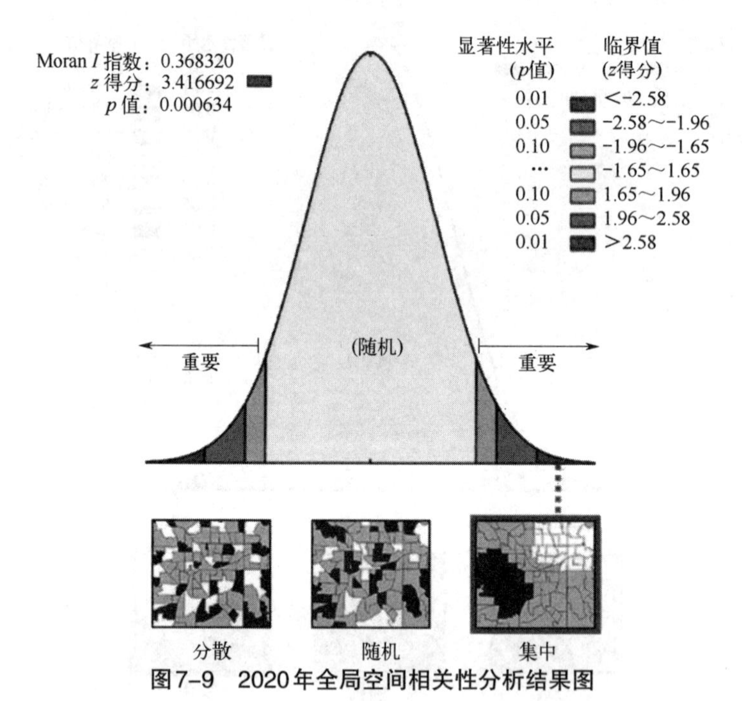


图7-9　2020年全局空间相关性分析结果图

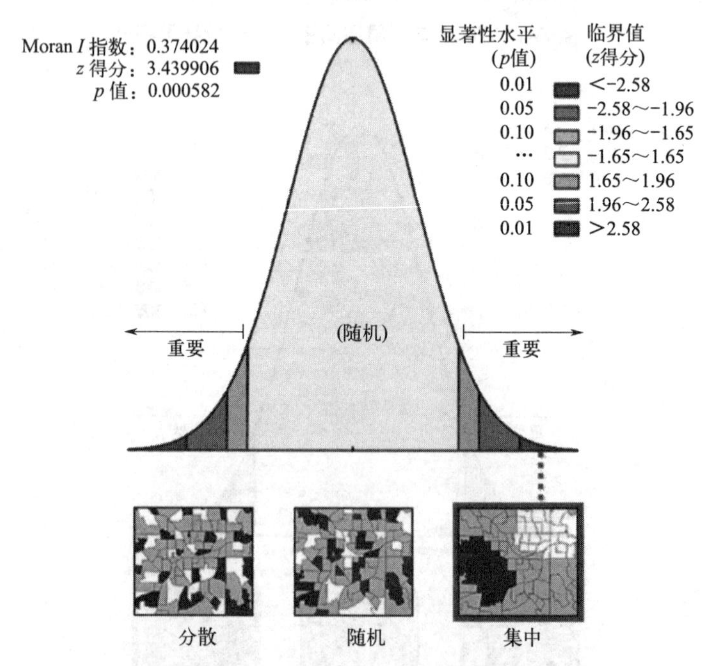


图7-10　2021年全局空间相关性分析结果图

由图7-1～图7-10可知，2012—2021年我国31个省、自治区、直辖市的建筑业转型技术创新提升产能水平空间分布莫兰指数中值分别为0.330、

0.334、0.325、0.333、0.332、0.340、0.367、0.358、0.368、0.374，在区间−1到1之内且不等于0，代表2012—2021年我国31个省、自治区、直辖市的建筑业转型技术创新提升产能空间聚类是可能的；$p$值绝大多数在0.001～0.002，空间数据随机生成的概率基本小于0.002，这表明数据更可能呈现出聚集的趋势，而非随机分布。然而，我们无法明确排除零假设的可能性。$z$得分2012—2021年的数值分别是3.132、3.162、3.115、3.159、3.184、3.189、3.395、3.315、3.417、3.440，都大于2.58，表明具有显著的空间相关性，且聚集性较强。

对2021年建筑业转型技术创新提升产能的三个一级指标进行计算，得到莫兰指数以及各相关指数，见图7-11、图7-12、图7-13。

从图7-11、图7-12、图7-13中可以看出，2021年建筑业转型技术创新提升产能中三个维度全局莫兰指数中的$I$值分别为0.423、0.308和0.441。这些数值表明在所研究的区域内存在空间正相关性，暗示可能存在空间聚集现象。同时，莫兰指数的$p$值分别为0.0001、0.0042和0.0001，表明空间数据的随机性很低。然而，我们无法明确排除零假设的可能性。$z$得分分别为3.817、2.862和3.961，均大于2.58，这意味着其具有显著的空间相关性，存在着很强的空间聚集现象。

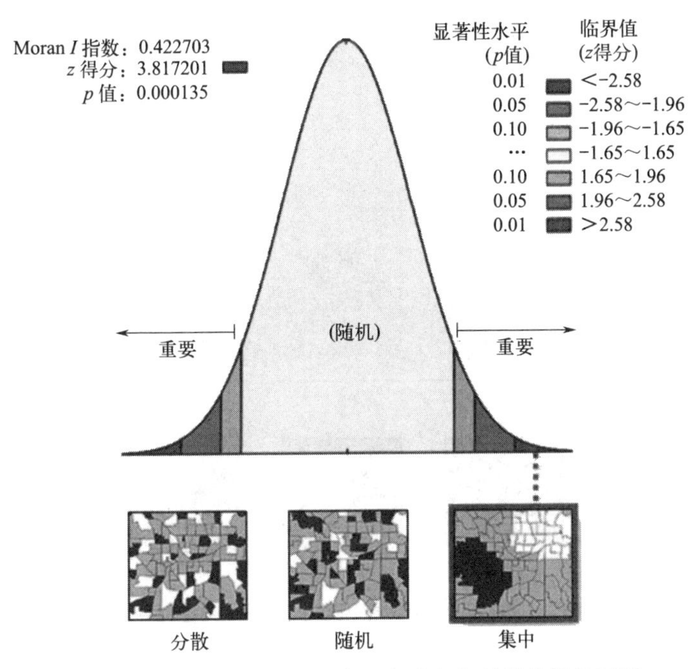


图7-11 2021年资源投入（B1）空间相关性分析结果图

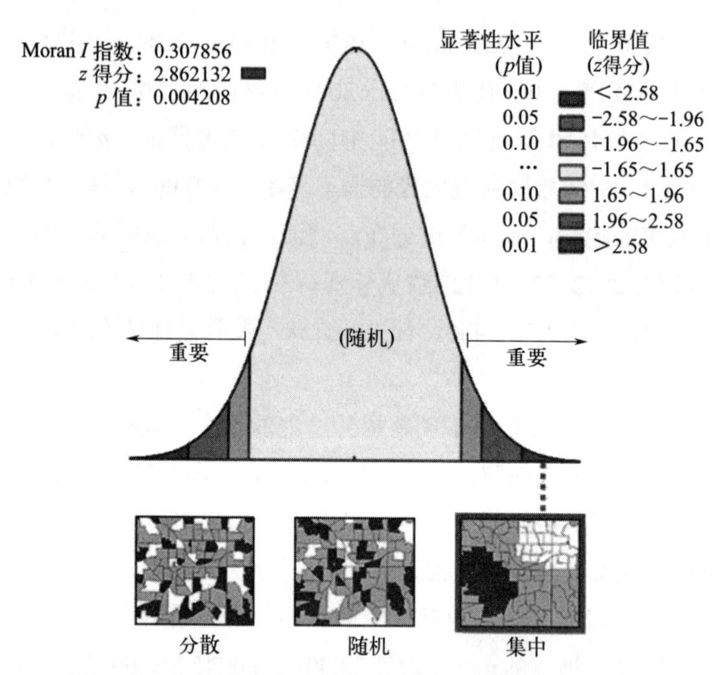


图7-12 2021年资源产出（B2）空间相关性分析结果图

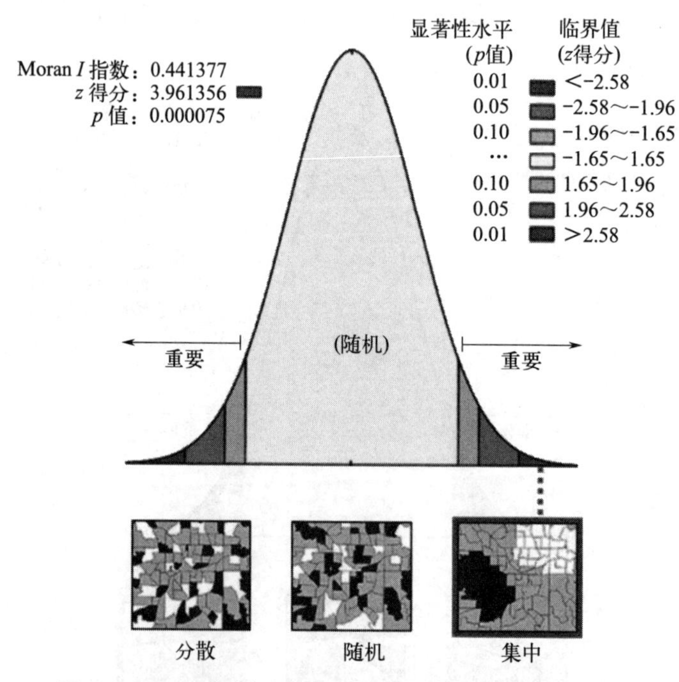


图7-13 2021年基础环境（B3）空间相关性分析结果图

### （3）建筑业转型技术创新提升产能局部相关性

对于建筑业转型技术创新提升产能局部相关性的相关分析，本书通过STATA 18软件来进行局部空间相关性分析。单变量空间分析结果如下所示。

① 散点图。散点图第一象限代表“高-高（H-H）”聚集，含义为该地区建筑业转型技术创新提升产能水平与周围地区的建筑业转型技术创新提升产能水平均较高；第二象限为“低-高（L-H）”集群，说明该区域的建筑业转型技术创新提升产能水平较低，但周边区域的建筑业转型技术创新提升产能水平较高；第三象限为“低-低（L-L）”集群，说明该地区的建筑业转型技术创新提升产能水平与周围地区建筑业转型技术创新提升产能水平都较低；第四象限为“高-低（H-L）”聚集，说明该地区建筑业转型技术创新提升产能水平较高，但周围地区建筑业转型技术创新提升产能水平较低。具体各年份局部空间相关性分析散点图见图7-14～图7-23（图7-14～图7-26所有数字代表的地区如下：1代表北京、2代表天津、3代表河北、4代表山西、5代表内蒙古、6代表辽宁、7代表吉林、8代表黑龙江、9代表上海、10代表江苏、11代表浙江、12代表安徽、13代表福建、14代表江西、15代表山东、16代表河南、17代表湖北、18代表湖南、19代表广东、20代表广西、21代表海南、22代表重庆、23代表四川、24代表贵州、25代表云南、26代表西藏、27代表陕西、28代表甘肃、29代表青海、30代表宁夏、31代表新疆）。

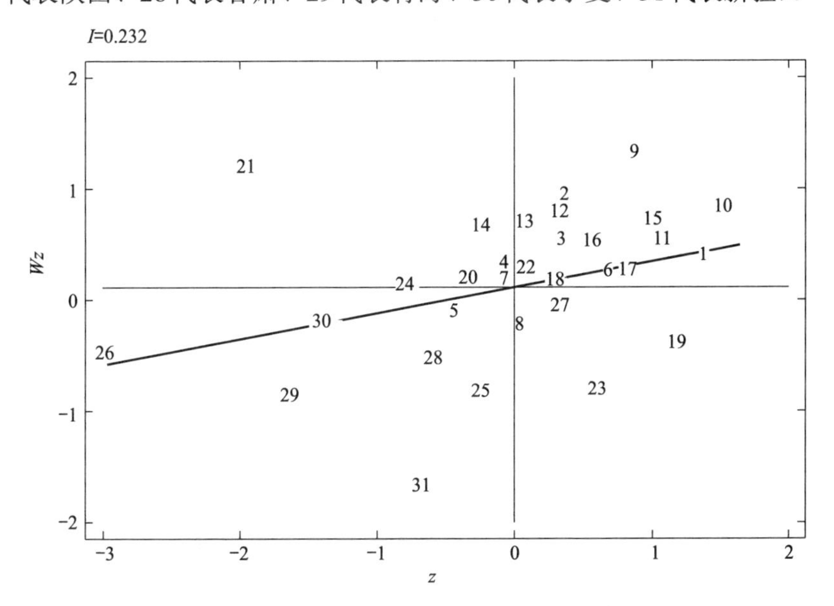


**图7-14　2012年局部空间相关性分析散点图**

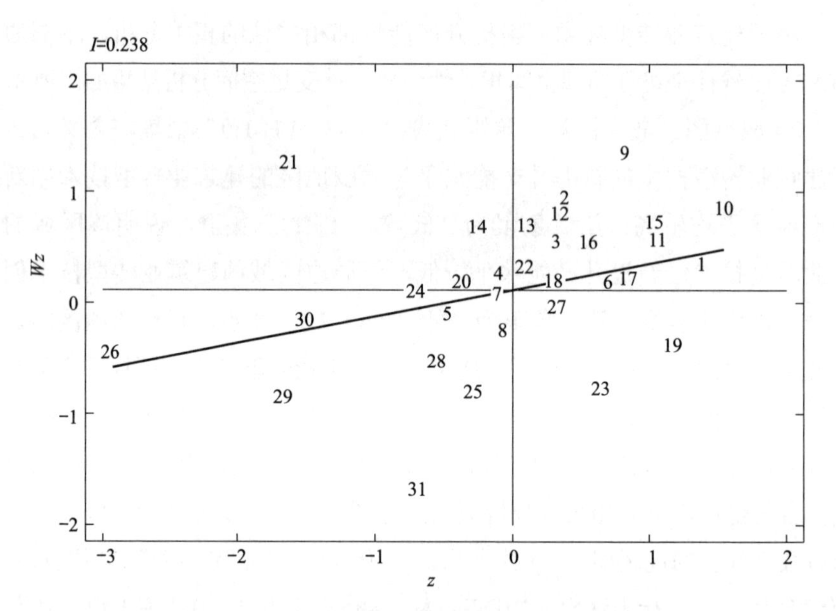


图7-15　2013年局部空间相关性分析散点图

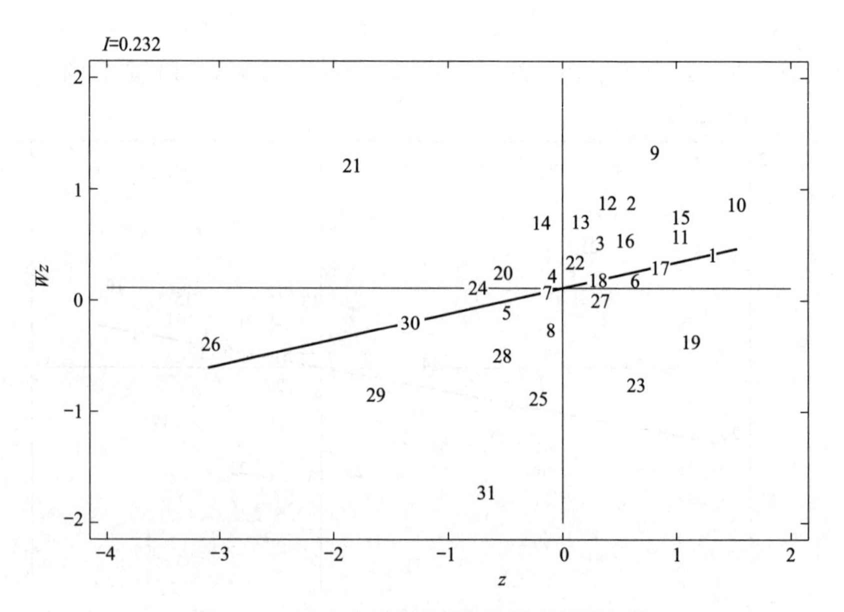


图7-16　2014年局部空间相关性分析散点图

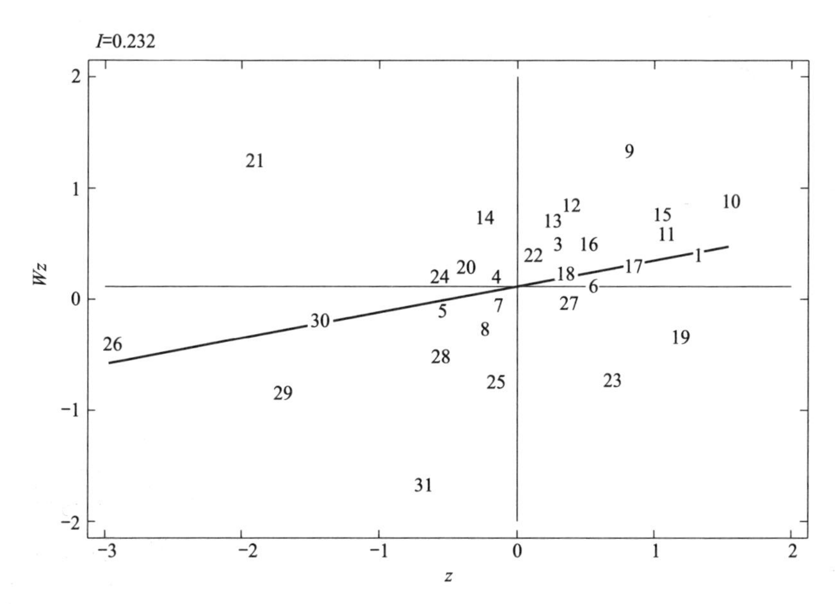


图7-17　2015年局部空间相关性分析散点图

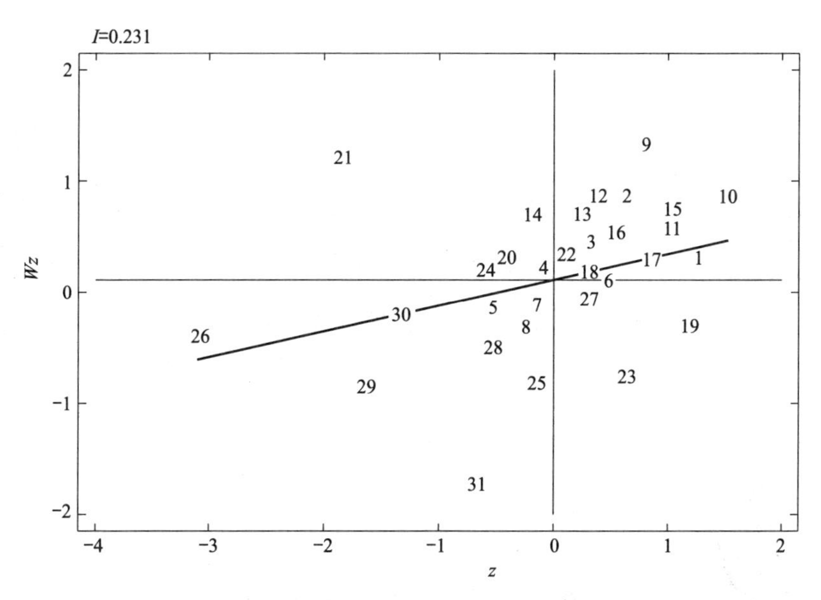


图7-18　2016年局部空间相关性分析散点图

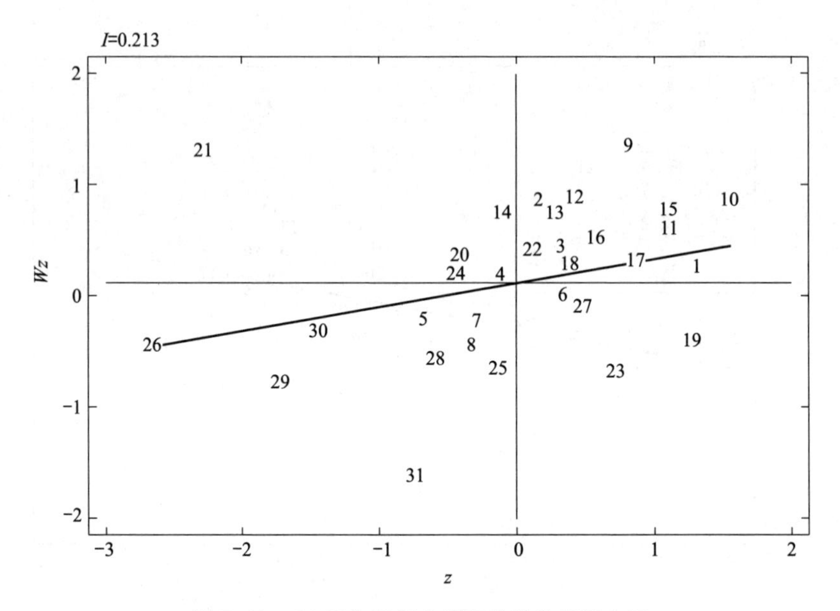


图7-19　2017年局部空间相关性分析散点图

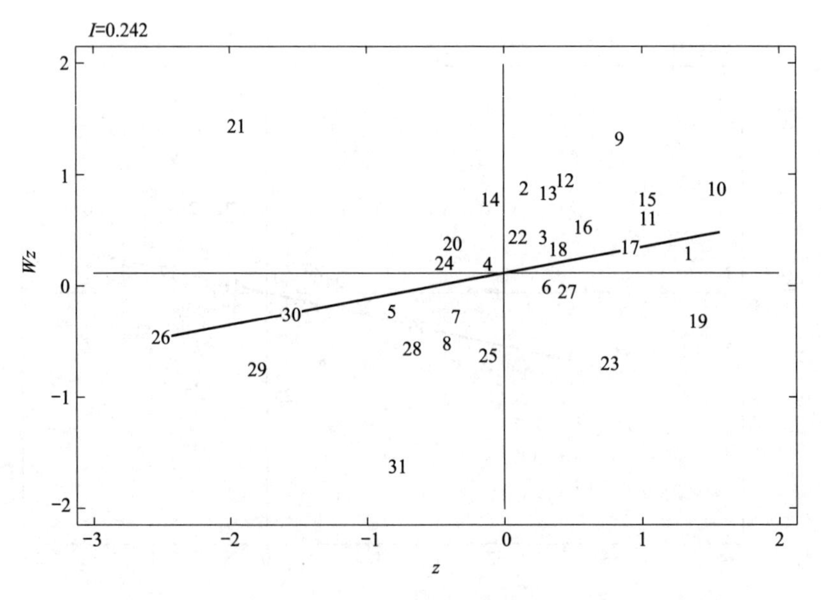


图7-20　2018年局部空间相关性分析散点图

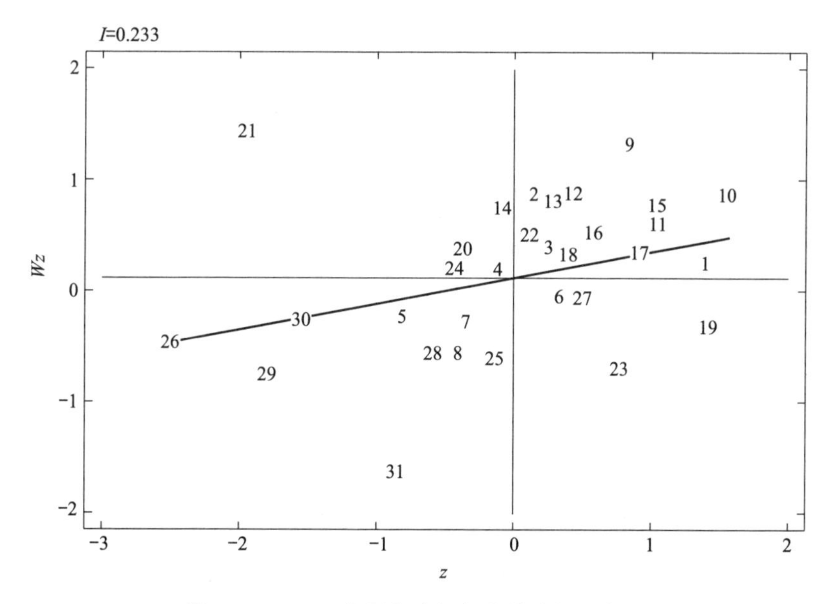


图7-21　2019年局部空间相关性分析散点图

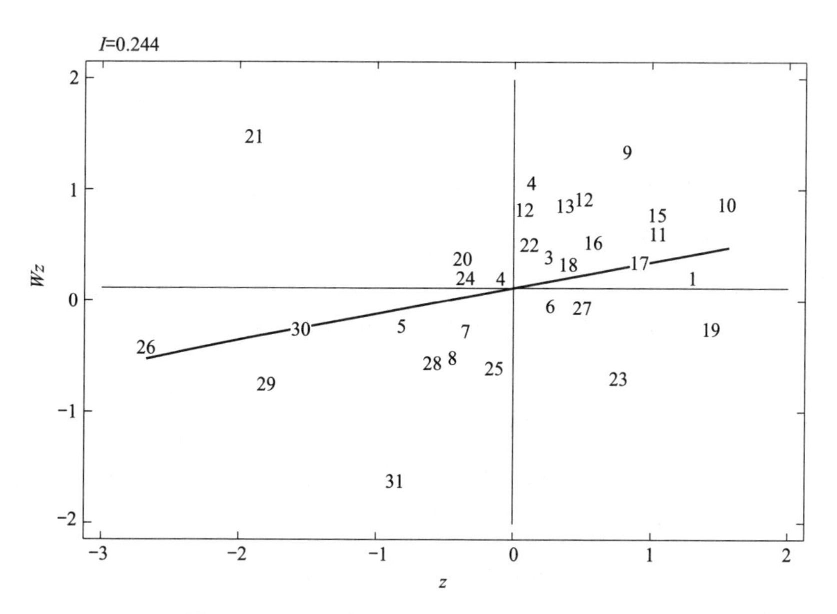


图7-22　2020年局部空间相关性分析散点图

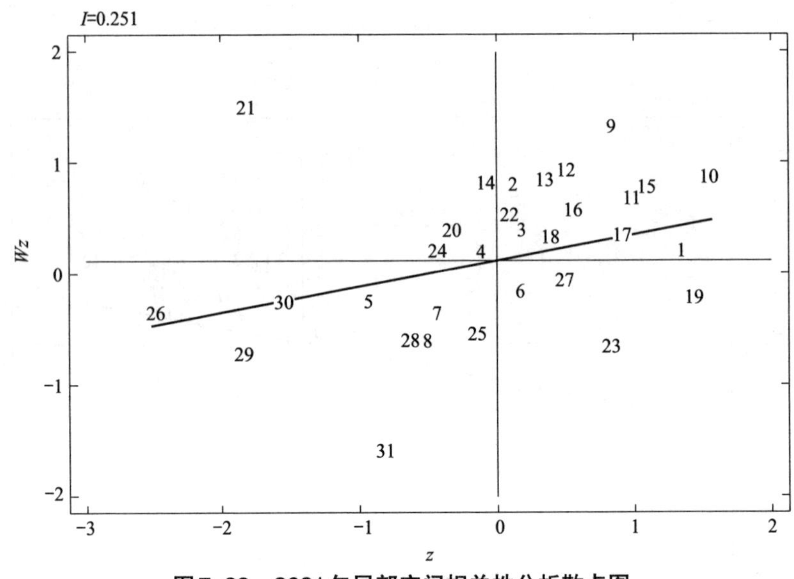


**图7-23　2021年局部空间相关性分析散点图**

由图7-14～图7-23可以看出，在第一象限中，北京、天津、河北、上海、江苏、浙江、安徽、福建、山东、河南、湖北、湖南、重庆这十三个区域建筑业转型技术创新提升产能水平一直处于H-H状态，这些区域与邻接区域的建筑业转型技术创新提升产能水平均较高，然而从2016年开始，辽宁由H-H变为H-L，说明辽宁的建筑业转型技术创新提升产能水平一直处于较高水平，但周边地区的建筑业转型技术创新提升产能水平在下降；在第二象限中，江西、广西、海南、贵州、山西这五个地区建筑业转型技术创新提升产能水平一直处于L-H状态，说明这些区域建筑业转型技术创新提升产能水平较低且邻接区域较高，然而贵州从2015年开始由L-L转变为L-H，说明贵州的建筑业转型技术创新提升产能水平一直处于较低水平，但周边地区的建筑业转型技术创新提升产能水平在上升；在第三象限中，云南、内蒙古、西藏、甘肃、青海、吉林、黑龙江、新疆和宁夏这九个地区的建筑业转型技术创新提升产能水平一直处于L-L状态，说明这些区域与邻接区域的建筑业转型技术创新提升产能水平均较低；在第四象限中，广东、四川和陕西这三个地区的建筑业转型技术创新提升产能水平一直处于H-L状态，说明这些区域建筑业转型技术创新提升产能水平较高但邻接区域较低。

再对我国31个地区建筑业转型技术创新提升产能的资源投入、资源产出、基础环境进行分析，所获得的散点图如图7-24～图7-26所示。

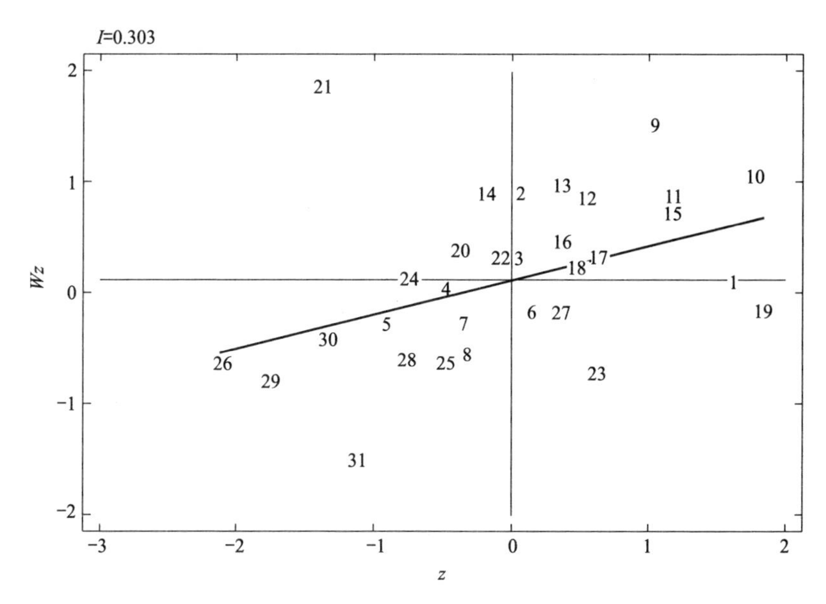


图7-24　2021年资源投入（B1）局部空间相关性分析散点图

从图7-24可知，在第一象限中，北京、天津、河北、上海等十二个区域的资源投入水平位于H-H位置，说明这类地区与邻接区域的资源投入水平均较高；在第二象限中，江西、广西、海南、重庆这四个地区资源投入水平处于L-H状态，说明这些区域资源投入水平较低而邻接区域较高；在第三象限中，山西、内蒙古、吉林、黑龙江等十一个地区的资源投入水平处于L-L状态，说明这些区域与邻接区域的资源投入水平均较低；在第四象限中，辽宁、广东、四川和陕西这四个地区的资源投入水平处于H-L状态，说明这些区域资源投入水平较高但邻接区域较低。

从图7-25可知，在第一象限中，北京、天津、河北、上海等十二个区域的资源产出水平处于H-H位置，说明此类地区与邻接区域的资源产出水平均较高；在第二象限中，江西、广西、海南、重庆、贵州这五个地区资源产出水平处于L-H状态，说明这些区域资源产出水平较低而邻接区域较高；在第三象限中，山西、内蒙古、吉林、黑龙江等十个地区的资源产出水平处于L-L状态，说明这些区域与邻接区域的资源产出水平均较低；在第四象限中，辽宁、广东、四川和陕西这四个地区的资源产出水平处于H-L状态，说明这些区域资源产出水平较高但邻接区域较低。

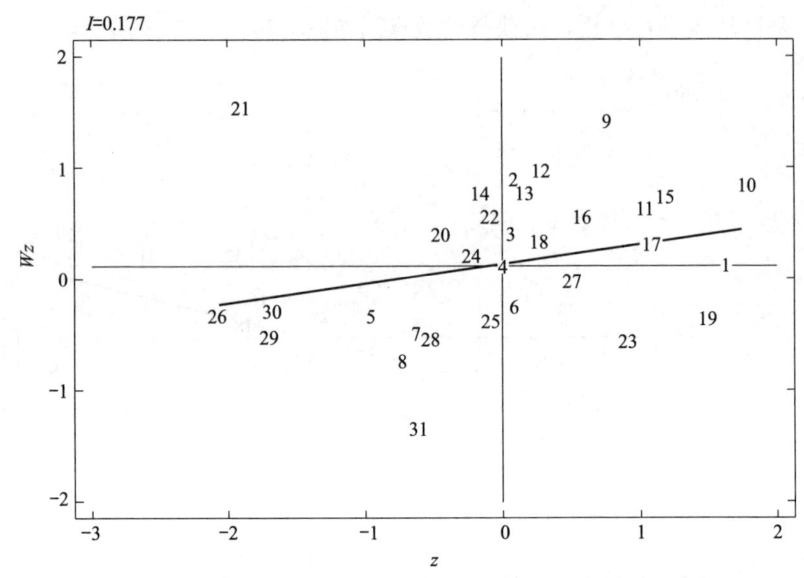


图7-25　2021年资源产出（B2）局部空间相关性分析散点图

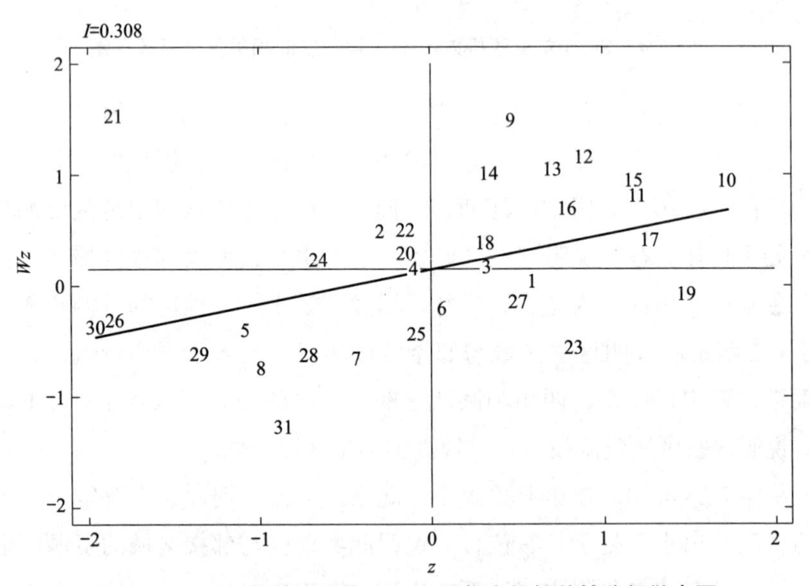


图7-26　2021年基础环境（B3）局部空间相关性分析散点图

从图7-26可知，在第一象限中，河北、上海、江苏、浙江、安徽、福建、江西、山东、河南、湖北、湖南这十一个区域的基础环境处于H-H状态，说明这些区域与邻接区域的基础环境均较高；在第二象限中，天津、山西、广西、海南、重庆、贵州这六个地区的基础环境处于L-H状态，说明这些区域基础环境较低且邻接区域较高；在第三象限中，内蒙古、吉林、黑龙江、云南等九个地区的基础环境处于L-L状态，说明这些区域与邻接区域的基础环境均较低；在第四象限中，北京、辽宁、广东、四川和陕西这五个地区的基础环境处于H-L状态，说明这些区域基础环境较高但邻接区域较低。

② 显著性图及聚类图。空间聚集显著性图可以将我国建筑业转型技术创新提升产能的局部空间聚集性是否显著以及其显著程度进行体现，利用GeoDa软件主要将其分为四个等级，分别为不显著、显著、比较显著和非常显著。

空间聚类图可将存在显著空间聚集的地区进行标记划分。根据划分标准可分为不显著、高-高、低-低、低-高、高-低五类。此部分与散点图划分有所不同，主要因散点图需系体现所有点在全部四个象限的位置，散点图中进行划分时考虑的仅仅是以象限为分界线进行划分，部分在临界点或者接近临界点的因素通过观察其处于某个象限或最接近于某个象限来进行归类划分，因此前文散点图中暂且未分出不显著一类。

通过GeoDa软件分析2012—2021年我国31个地区建筑业转型技术创新提升产能和2021年我国31个地区建筑业转型技术创新提升产能三个维度进行局部空间相关性，得到LISA显著性图和LISA聚类图后，结果见表7-3、表7-4。

由表7-4和表7-5可知，我国31个地区建筑业转型技术创新提升产能的空间聚集性较高的地区以高-高为主，其中北京、山东、江苏、安徽、浙江、江西、上海、福建、四川、广东、甘肃与周边地区存在较为显著的空间聚集效应，其余地区因各种因素影响，其周边产能提升水平高低不等，未形成显著聚集效应。但从大体分布可看出，北京、山东、江苏、安徽、江西、四川这六个地区的建筑业转型技术创新提升产能水平均相对较高，而像青海、甘肃这种西部地区的建筑业转型技术创新提升产能水平相对较低。

表 7-3　空间相关性 LISA 显著性图分析表

| 地区 | 2012 | 2013 | 2014 | 2015 | 2016 | 2017 | 2018 | 2019 | 2020 | 2021 | B1 | B2 | B3 |
|---|---|---|---|---|---|---|---|---|---|---|---|---|---|
| 北京市 | 比较显著 | 比较显著 | 比较显著 | 比较显著 | 比较显著 | 比较显著 | 比较显著 | 比较显著 | 比较显著 | 比较显著 | 比较显著 | 比较显著 | 比较显著 |
| 天津市 | 不显著 | 不显著 | 不显著 | 不显著 | 不显著 | 不显著 | 不显著 | 不显著 | 不显著 | 不显著 | 不显著 | 不显著 | 不显著 |
| 河北省 | 比较显著 | 比较显著 | 比较显著 | 不显著 | 不显著 | 不显著 | 不显著 | 不显著 | 不显著 | 不显著 | 不显著 | 不显著 | 不显著 |
| 山西省 | 不显著 | 不显著 | 不显著 | 不显著 | 不显著 | 不显著 | 不显著 | 不显著 | 不显著 | 不显著 | 不显著 | 不显著 | 不显著 |
| 内蒙古自治区 | 不显著 | 不显著 | 不显著 | 不显著 | 不显著 | 不显著 | 不显著 | 不显著 | 不显著 | 不显著 | 不显著 | 不显著 | 不显著 |
| 辽宁省 | 不显著 | 不显著 | 不显著 | 不显著 | 不显著 | 不显著 | 不显著 | 不显著 | 不显著 | 不显著 | 不显著 | 不显著 | 不显著 |
| 吉林省 | 不显著 | 不显著 | 不显著 | 不显著 | 不显著 | 不显著 | 不显著 | 不显著 | 不显著 | 不显著 | 不显著 | 不显著 | 不显著 |
| 黑龙江省 | 不显著 | 不显著 | 不显著 | 不显著 | 不显著 | 不显著 | 不显著 | 不显著 | 不显著 | 不显著 | 不显著 | 不显著 | 不显著 |
| 上海市 | 比较显著 | 比较显著 | 不显著 | 不显著 | 不显著 | 不显著 | 不显著 | 不显著 | 不显著 | 不显著 | 不显著 | 不显著 | 不显著 |
| 江苏省 | 比较显著 | 比较显著 | 比较显著 | 比较显著 | 比较显著 | 比较显著 | 比较显著 | 比较显著 | 比较显著 | 比较显著 | 比较显著 | 比较显著 | 比较显著 |
| 浙江省 | 比较显著 | 比较显著 | 比较显著 | 比较显著 | 比较显著 | 比较显著 | 比较显著 | 不显著 | 比较显著 | 比较显著 | 比较显著 | 不显著 | 比较显著 |
| 安徽省 | 比较显著 | 比较显著 | 比较显著 | 比较显著 | 比较显著 | 比较显著 | 比较显著 | 比较显著 | 比较显著 | 比较显著 | 比较显著 | 比较显著 | 比较显著 |
| 福建省 | 不显著 | 不显著 | 不显著 | 不显著 | 不显著 | 不显著 | 比较显著 | 不显著 | 不显著 | 比较显著 | 比较显著 | 不显著 | 比较显著 |
| 江西省 | 比较显著 | 比较显著 | 比较显著 | 比较显著 | 比较显著 | 比较显著 | 比较显著 | 比较显著 | 比较显著 | 比较显著 | 比较显著 | 比较显著 | 比较显著 |
| 山东省 | 比较显著 | 比较显著 | 比较显著 | 比较显著 | 比较显著 | 比较显著 | 比较显著 | 比较显著 | 比较显著 | 比较显著 | 不显著 | 不显著 | 比较显著 |
| 河南省 | 不显著 | 不显著 | 比较显著 | 不显著 | 不显著 | 不显著 | 不显著 | 不显著 | 不显著 | 不显著 | 不显著 | 不显著 | 比较显著 |
| 湖北省 | 不显著 | 不显著 | 不显著 | 不显著 | 不显著 | 不显著 | 不显著 | 不显著 | 不显著 | 不显著 | 不显著 | 不显著 | 不显著 |

续表

| 地区 | 2012 | 2013 | 2014 | 2015 | 2016 | 2017 | 2018 | 2019 | 2020 | 2021 | B1 | B2 | B3 |
|---|---|---|---|---|---|---|---|---|---|---|---|---|---|
| 湖南省 | 不显著 | 不显著 | 不显著 | 不显著 | 不显著 | 不显著 | 不显著 | 不显著 | 不显著 | 不显著 | 不显著 | 不显著 | 不显著 |
| 广东省 | 不显著 | 不显著 | 不显著 | 不显著 | 不显著 | 不显著 | 比较显著 | 比较显著 | 比较显著 | 比较显著 | 比较显著 | 比较显著 | 不显著 |
| 广西壮族自治区 | 不显著 | 不显著 | 不显著 | 不显著 | 不显著 | 不显著 | 不显著 | 不显著 | 不显著 | 不显著 | 不显著 | 不显著 | 不显著 |
| 海南省 | 不显著 | 不显著 | 不显著 | 不显著 | 不显著 | 不显著 | 不显著 | 不显著 | 不显著 | 不显著 | 不显著 | 不显著 | 不显著 |
| 重庆市 | 不显著 | 不显著 | 不显著 | 不显著 | 不显著 | 不显著 | 不显著 | 不显著 | 不显著 | 不显著 | 不显著 | 不显著 | 不显著 |
| 四川省 | 比较显著 | 比较显著 | 比较显著 | 比较显著 | 比较显著 | 比较显著 | 比较显著 | 比较显著 | 比较显著 | 比较显著 | 比较显著 | 比较显著 | 比较显著 |
| 贵州省 | 不显著 | 不显著 | 不显著 | 不显著 | 不显著 | 不显著 | 不显著 | 不显著 | 不显著 | 不显著 | 不显著 | 不显著 | 不显著 |
| 云南省 | 不显著 | 不显著 | 不显著 | 高一低 | 不显著 | 高-高 | 不显著 | 不显著 | 不显著 | 不显著 | 不显著 | 不显著 | 不显著 |
| 西藏自治区 | 不显著 | 不显著 | 不显著 | 不显著 | 不显著 | 不显著 | 不显著 | 不显著 | 不显著 | 不显著 | 比较显著 | 不显著 | 不显著 |
| 陕西省 | 不显著 | 不显著 | 不显著 | 不显著 | 不显著 | 不显著 | 不显著 | 不显著 | 不显著 | 不显著 | 不显著 | 不显著 | 不显著 |
| 甘肃省 | 不显著 | 不显著 | 不显著 | 不显著 | 不显著 | 不显著 | 不显著 | 比较显著 | 比较显著 | 比较显著 | 比较显著 | 比较显著 | 比较显著 |
| 青海省 | 比较显著 | 比较显著 | 比较显著 | 比较显著 | 比较显著 | 比较显著 | 比较显著 | 比较显著 | 比较显著 | 比较显著 | 比较显著 | 不显著 | 不显著 |
| 宁夏回族自治区 | 不显著 | 不显著 | 不显著 | 不显著 | 不显著 | 不显著 | 不显著 | 不显著 | 不显著 | 不显著 | 不显著 | 不显著 | 不显著 |
| 新疆维吾尔自治区 | 比较显著 | 比较显著 | 比较显著 | 比较显著 | 比较显著 | 比较显著 | 比较显著 | 比较显著 | 比较显著 | 比较显著 | 比较显著 | 比较显著 | 比较显著 |

表7–4　空间相关性LISA聚类图分析表

| 地区 \ 评价结果 | 2012 | 2013 | 2014 | 2015 | 2016 | 2017 | 2018 | 2019 | 2020 | 2021 | B1 | B2 | B3 |
|---|---|---|---|---|---|---|---|---|---|---|---|---|---|
| 北京市 | 高-高 | 高-高 | 高-高 | 高-高 | 高-高 | 高-高 | 高-高 | 高-高 | 高-高 | 高-高 | 高-高 | 高-高 | 高-高 |
| 天津市 | 不显著 | 不显著 | 不显著 | 不显著 | 不显著 | 不显著 | 不显著 | 不显著 | 不显著 | 不显著 | 不显著 | 不显著 | 不显著 |
| 河北省 | 高-高 | 高-高 | 高-高 | 不显著 | 不显著 | 不显著 | 不显著 | 不显著 | 不显著 | 不显著 | 不显著 | 不显著 | 不显著 |
| 山西省 | 不显著 | 不显著 | 不显著 | 不显著 | 不显著 | 不显著 | 不显著 | 不显著 | 不显著 | 不显著 | 不显著 | 不显著 | 不显著 |
| 内蒙古自治区 | 不显著 | 不显著 | 不显著 | 不显著 | 不显著 | 不显著 | 不显著 | 不显著 | 不显著 | 不显著 | 不显著 | 不显著 | 不显著 |
| 辽宁省 | 不显著 | 不显著 | 不显著 | 不显著 | 不显著 | 不显著 | 不显著 | 不显著 | 不显著 | 不显著 | 不显著 | 不显著 | 不显著 |
| 吉林省 | 不显著 | 不显著 | 不显著 | 不显著 | 不显著 | 不显著 | 不显著 | 不显著 | 不显著 | 不显著 | 不显著 | 不显著 | 不显著 |
| 黑龙江省 | 不显著 | 不显著 | 不显著 | 不显著 | 不显著 | 不显著 | 不显著 | 不显著 | 不显著 | 不显著 | 不显著 | 不显著 | 不显著 |
| 上海市 | 高-高 | 高-高 | 不显著 | 不显著 | 不显著 | 不显著 | 不显著 | 不显著 | 不显著 | 不显著 | 不显著 | 不显著 | 不显著 |
| 江苏省 | 高-高 | 高-高 | 高-高 | 高-高 | 高-高 | 高-高 | 高-高 | 高-高 | 高-高 | 高-高 | 高-高 | 高-高 | 高-高 |
| 浙江省 | 不显著 | 不显著 | 高-高 | 高-高 | 高-高 | 高-高 | 高-高 | 不显著 | 高-高 | 高-高 | 高-高 | 不显著 | 高-高 |
| 安徽省 | 高-高 | 高-高 | 高-高 | 高-高 | 高-高 | 高-高 | 高-高 | 高-高 | 高-高 | 高-高 | 高-高 | 高-高 | 高-高 |
| 福建省 | 不显著 | 不显著 | 不显著 | 不显著 | 不显著 | 不显著 | 高-高 | 不显著 | 不显著 | 高-高 | 高-高 | 不显著 | 高-高 |
| 江西省 | 高-高 | 高-高 | 高-高 | 高-高 | 高-高 | 高-高 | 高-高 | 高-高 | 高-高 | 高-高 | 高-高 | 高-高 | 高-高 |
| 山东省 | 高-高 | 高-高 | 高-高 | 高-高 | 高-高 | 高-高 | 高-高 | 高-高 | 高-高 | 高-高 | 不显著 | 不显著 | 高-高 |
| 河南省 | 不显著 | 不显著 | 高-高 | 不显著 | 不显著 | 不显著 | 不显著 | 不显著 | 不显著 | 不显著 | 不显著 | 不显著 | 高-高 |
| 湖北省 | 不显著 | 不显著 | 不显著 | 不显著 | 不显著 | 不显著 | 不显著 | 不显著 | 不显著 | 不显著 | 不显著 | 不显著 | 不显著 |

续表

| 地区＼评价结果 | 2012 | 2013 | 2014 | 2015 | 2016 | 2017 | 2018 | 2019 | 2020 | 2021 | B1 | B2 | B3 |
|---|---|---|---|---|---|---|---|---|---|---|---|---|---|
| 湖南省 | 不显著 | 不显著 | 不显著 | 不显著 | 不显著 | 不显著 | 不显著 | 不显著 | 不显著 | 不显著 | 不显著 | 不显著 | 不显著 |
| 广东省 | 不显著 | 不显著 | 不显著 | 不显著 | 不显著 | 不显著 | 高-高 | 高-高 | 高-高 | 高-高 | 高-高 | 高-高 | 不显著 |
| 广西壮族自治区 | 不显著 | 不显著 | 不显著 | 不显著 | 不显著 | 不显著 | 不显著 | 不显著 | 不显著 | 不显著 | 不显著 | 不显著 | 不显著 |
| 海南省 | 不显著 | 不显著 | 不显著 | 不显著 | 不显著 | 不显著 | 不显著 | 不显著 | 不显著 | 不显著 | 不显著 | 不显著 | 不显著 |
| 重庆市 | 不显著 | 不显著 | 不显著 | 不显著 | 不显著 | 不显著 | 不显著 | 不显著 | 不显著 | 不显著 | 不显著 | 不显著 | 不显著 |
| 四川省 | 高-低 | 高-低 | 高-低 | 高-高 | 高-低 | 高-高 | 高-高 | 高-高 | 高-高 | 高-高 | 高-低 | 高-低 | 高-低 |
| 贵州省 | 不显著 | 不显著 | 不显著 | 不显著 | 不显著 | 不显著 | 不显著 | 不显著 | 不显著 | 不显著 | 不显著 | 不显著 | 不显著 |
| 云南省 | 不显著 | 不显著 | 不显著 | 高-低 | 不显著 | 高-高 | 不显著 | 不显著 | 不显著 | 不显著 | 不显著 | 不显著 | 不显著 |
| 西藏自治区 | 不显著 | 不显著 | 不显著 | 不显著 | 不显著 | 不显著 | 不显著 | 不显著 | 不显著 | 不显著 | 低-低 | 不显著 | 不显著 |
| 陕西省 | 不显著 | 不显著 | 不显著 | 不显著 | 不显著 | 不显著 | 不显著 | 不显著 | 不显著 | 不显著 | 不显著 | 不显著 | 不显著 |
| 甘肃省 | 不显著 | 不显著 | 不显著 | 不显著 | 不显著 | 不显著 | 不显著 | 高-高 | 高-高 | 高-高 | 低-低 | 低-低 | 低-低 |
| 青海省 | 低-低 | 低-低 | 低-低 | 低-低 | 低-低 | 低-低 | 低-低 | 低-高 | 低-低 | 低-高 | 低-低 | 不显著 | 不显著 |
| 宁夏回族自治区 | 不显著 | 不显著 | 不显著 | 不显著 | 不显著 | 不显著 | 不显著 | 不显著 | 不显著 | 不显著 | 不显著 | 不显著 | 不显著 |
| 新疆维吾尔自治区 | 高-低 | 高-低 | 高-低 | 高-低 | 高-低 | 高-低 | 高-低 | 低-低 | 低-低 | 高-低 | 低-低 | 低-低 | 低-低 |

## 第二节　我国建筑业转型技术创新提升产能时间演化分析

本书研究的时间范围从2012年开始，直到2021年结束，时间间隔相对较短，使得评价结果变化不大，但从评价结果中仍能观察到总体发展趋势。本书研究的我国31个省、自治区、直辖市的建筑业转型技术创新提升产能水平如表7-5所示。

**表7-5　我国31个地区建筑业技术创新提升产能水平变化表**

| 省份 | 2012 | 2013 | 2014 | 2015 | 2016 | 2017 | 2018 | 2019 | 2020 | 2021 |
|---|---|---|---|---|---|---|---|---|---|---|
| 北京 | 0.885 | 0.894 | 0.895 | 0.900 | 0.903 | 0.911 | 0.923 | 0.938 | 0.944 | 0.949 |
| 天津 | 0.803 | 0.812 | 0.815 | 0.824 | 0.823 | 0.818 | 0.827 | 0.832 | 0.831 | 0.845 |
| 河北 | 0.800 | 0.808 | 0.811 | 0.815 | 0.820 | 0.828 | 0.837 | 0.840 | 0.851 | 0.851 |
| 山西 | 0.767 | 0.773 | 0.776 | 0.776 | 0.783 | 0.790 | 0.802 | 0.808 | 0.820 | 0.825 |
| 内蒙古 | 0.736 | 0.741 | 0.742 | 0.742 | 0.745 | 0.744 | 0.744 | 0.748 | 0.757 | 0.757 |
| 辽宁 | 0.829 | 0.837 | 0.838 | 0.835 | 0.829 | 0.830 | 0.837 | 0.847 | 0.851 | 0.850 |
| 吉林 | 0.767 | 0.772 | 0.775 | 0.778 | 0.780 | 0.780 | 0.782 | 0.789 | 0.797 | 0.802 |
| 黑龙江 | 0.774 | 0.776 | 0.776 | 0.770 | 0.772 | 0.771 | 0.774 | 0.784 | 0.786 | 0.791 |
| 上海 | 0.845 | 0.849 | 0.853 | 0.858 | 0.862 | 0.869 | 0.881 | 0.891 | 0.899 | 0.905 |
| 江苏 | 0.898 | 0.908 | 0.915 | 0.921 | 0.926 | 0.931 | 0.941 | 0.953 | 0.966 | 0.967 |
| 浙江 | 0.860 | 0.869 | 0.874 | 0.881 | 0.886 | 0.893 | 0.902 | 0.907 | 0.922 | 0.924 |
| 安徽 | 0.800 | 0.810 | 0.816 | 0.821 | 0.825 | 0.832 | 0.844 | 0.854 | 0.868 | 0.877 |
| 福建 | 0.775 | 0.788 | 0.797 | 0.810 | 0.817 | 0.825 | 0.838 | 0.846 | 0.862 | 0.867 |
| 江西 | 0.751 | 0.761 | 0.768 | 0.770 | 0.780 | 0.789 | 0.810 | 0.813 | 0.830 | 0.834 |
| 山东 | 0.854 | 0.866 | 0.873 | 0.878 | 0.883 | 0.893 | 0.901 | 0.908 | 0.923 | 0.929 |
| 河南 | 0.816 | 0.825 | 0.832 | 0.835 | 0.841 | 0.848 | 0.860 | 0.868 | 0.881 | 0.883 |
| 湖北 | 0.840 | 0.850 | 0.857 | 0.861 | 0.862 | 0.872 | 0.884 | 0.897 | 0.905 | 0.913 |
| 湖南 | 0.797 | 0.804 | 0.810 | 0.817 | 0.825 | 0.833 | 0.844 | 0.854 | 0.867 | 0.870 |
| 广东 | 0.870 | 0.878 | 0.884 | 0.891 | 0.899 | 0.908 | 0.929 | 0.940 | 0.957 | 0.959 |
| 广西 | 0.746 | 0.751 | 0.738 | 0.756 | 0.761 | 0.766 | 0.776 | 0.785 | 0.795 | 0.808 |

续表

| 省份 | 2012 | 2013 | 2014 | 2015 | 2016 | 2017 | 2018 | 2019 | 2020 | 2021 |
|---|---|---|---|---|---|---|---|---|---|---|
| 海南 | 0.611 | 0.623 | 0.626 | 0.625 | 0.630 | 0.608 | 0.645 | 0.653 | 0.660 | 0.680 |
| 重庆 | 0.775 | 0.785 | 0.792 | 0.798 | 0.805 | 0.811 | 0.816 | 0.823 | 0.833 | 0.840 |
| 四川 | 0.821 | 0.832 | 0.840 | 0.847 | 0.851 | 0.860 | 0.875 | 0.884 | 0.895 | 0.905 |
| 贵州 | 0.706 | 0.722 | 0.729 | 0.741 | 0.748 | 0.761 | 0.772 | 0.783 | 0.798 | 0.800 |
| 云南 | 0.750 | 0.760 | 0.767 | 0.778 | 0.784 | 0.790 | 0.802 | 0.808 | 0.819 | 0.822 |
| 西藏 | 0.527 | 0.539 | 0.519 | 0.536 | 0.518 | 0.575 | 0.590 | 0.603 | 0.587 | 0.623 |
| 陕西 | 0.799 | 0.809 | 0.814 | 0.820 | 0.826 | 0.834 | 0.846 | 0.861 | 0.871 | 0.877 |
| 甘肃 | 0.725 | 0.733 | 0.738 | 0.742 | 0.746 | 0.748 | 0.753 | 0.768 | 0.774 | 0.785 |
| 青海 | 0.636 | 0.642 | 0.645 | 0.645 | 0.647 | 0.654 | 0.657 | 0.665 | 0.672 | 0.678 |
| 宁夏 | 0.657 | 0.658 | 0.668 | 0.667 | 0.672 | 0.675 | 0.681 | 0.683 | 0.690 | 0.693 |
| 新疆 | 0.714 | 0.722 | 0.727 | 0.731 | 0.736 | 0.738 | 0.745 | 0.748 | 0.752 | 0.766 |

由表7-5可知，我国31个地区中绝大多数省份总体呈逐年缓慢递增的状态，这表明此阶段我国在建筑业转型技术创新中处于起步阶段，部分制度体系和组织结构尚不完善，同时部分地区数字化转型欠缺，但总体上看，其发展仍在前进，没有大的变化。在一些地区，由于部分指标数据发生变化，其建筑业转型技术创新提升产能水平产生波动现象，此现象可能与某段时间出现政策变动或者某种因素出现更替相关，例如有些地区在建筑业转型技术创新中，突遇席卷全球的疫情影响，经济发展放缓，降低了其建筑业转型技术创新等级；有些地区由于部分年份出现建筑业变革更新而其资源产出出现变化等。

其次，从各年份的空间相关性分析可以看出，其空间聚集性有待提高，我国建筑业技术创新提升产能水平呈现两极化发展趋势，高发展水平地区和低发展水平地区在空间上组团分布，东部地区呈高-高集聚分布，西部地区呈低-低集聚分布，表现出典型的“马太效应”特征。利用ArcGIS软件再次计算2012—2021年我国建筑业技术创新提升产能水平的全局莫兰指数，见表7-6。

表7-6　全局莫兰指数变化表

| 年份 | 2012年 | 2013年 | 2014年 | 2015年 | 2016年 | 2017年 | 2018年 | 2019年 | 2020年 | 2021年 |
|---|---|---|---|---|---|---|---|---|---|---|
| Moran *I* 指数 | 0.330 | 0.334 | 0.325 | 0.333 | 0.332 | 0.340 | 0.367 | 0.358 | 0.368 | 0.374 |
| *z*得分 | 3.132 | 3.162 | 3.115 | 3.156 | 3.184 | 3.189 | 3.395 | 3.315 | 3.417 | 3.440 |
| *p*值 | 0.002 | 0.002 | 0.002 | 0.002 | 0.001 | 0.001 | 0.001 | 0.001 | 0.001 | 0.001 |

如表7-6所示，我国建筑业转型技术创新提升产能的空间集聚效应随时间变化总体呈逐年上升趋势，但也存在一定波动。原因是在这期间我国整体的空间规划存在部分同质化与不适应性，部分社会协同性不足，故导致诸如2014年、2019年等年份的聚集效应产生了一定波动。

总的来讲，目前我国31个地区的建筑业转型技术创新提升产能水平和时间存在一定关联性，我国绝大部分地区的建筑业转型技术创新提升产能水平随着年份的增长逐渐增加，但增长速度缓慢，并且部分地区建筑业转型技术创新提升产能能力水平出现一定波动。这说明我国绝大部分地区建筑业转型技术创新提升产能水平处于起步阶段，发展变化不大，其稳定性和协同性还能进一步提升。

# 本章小结

本章首先通过GIS空间模型的构建与评价划分区间的导入形成我国31个省、自治区、直辖市2012—2021年的建筑业转型技术创新提升产能水平等级分布图并进行分析。然后运用莫兰指数及*z*得分评判空间全局相关性，并运用GeoDa软件以散点图、显著性图和聚类图分析建筑业转型技术创新提升产能局部相关性。最后从时间演化方面分析我国建筑业转型技术创新提升产能水平，得出结论：我国建筑业转型技术创新提升产能的空间聚集效应随着年份的增长逐渐增加，但增长速度缓慢，并且部分地区建筑业转型技术创新提升产能水平出现一定波动，说明我国绝大部分地区建筑业转型技术创新提升产能水平处于起步阶段，发展变化不大，其稳定性和协同性还能进一步提升。

# 第八章　我国建筑业转型技术创新提升产能的措施

建筑业作为国民经济的支柱产业，其在促进国家经济发展中发挥着至关重要的作用。然而，在建筑业转型的过程中，出现了市场供需不平衡和产能水平低的问题，而技术创新在解决建筑业的转型过程中所产生的问题显得尤为关键。首先，技术创新能够有效应对市场供需不平衡问题。通过引入先进的建筑技术和管理模式，可以提高建筑生产的效率，减少资源浪费，优化资源配置，从而缓解市场供需矛盾。其次，技术创新有助于解决产能水平较低的问题。新技术的应用能够替代过时的生产方式，提升整体产能水平，推动建筑业朝着更加高效、可持续的方向发展。

在技术创新的推动下，建筑业还能够实现产业结构的升级和优化。一方面，通过技术升级，市场对高端产能的需求会逐渐增加，这将推动企业朝着更高附加值、更创新的方向发展，促使产业结构向更为高端化的方向调整。另一方面，技术创新也能够激发新的市场需求，推动建筑业的多元化发展，使其不仅仅局限于传统的建筑工程，还能涵盖更广泛的领域，如智能建筑、可持续建筑等。

技术创新在解决建筑业等产能水平较低行业的问题上有积极作用。针对我国建筑业产能水平较低的问题，可以从政策层面和企业层面两方面入手，提出通过提高技术创新能力进一步化解建筑业产能水平较低的问题，从而达到提升我国建筑业产能的目的，同时为推动建筑业的转型提供有力参考。

## 第一节　政策层面

通过制定相关政策以达到提升建筑业的技术创新能力的目的，这是对建筑业技术创新环境的宏观把控。政策制定者明确引导建筑业向技术创新发展，确保政策环境有利于技术创新活动的开展。

由图8-1可知，现阶段，尽管我国建筑业仍以技术引进为主，但已开始注重自主创新。这意味着我们不再单纯依赖引进技术，而是通过自主研发来实现技术创新，提高行业整体竞争力。数据显示，我国建筑业每年的发明专利数量呈现逐年增长的趋势，这表明我国建筑业在技术创新方面取得了一定的成就，不少技术已经达到或接近世界先进水平。如图8-1所示，发明专利数量虽然呈上涨趋势，但建筑业的研发投入仍有所欠缺，这意味着我国建筑业虽然已经开始重视自主创新，但在资金和资源投入方面还有待提升。

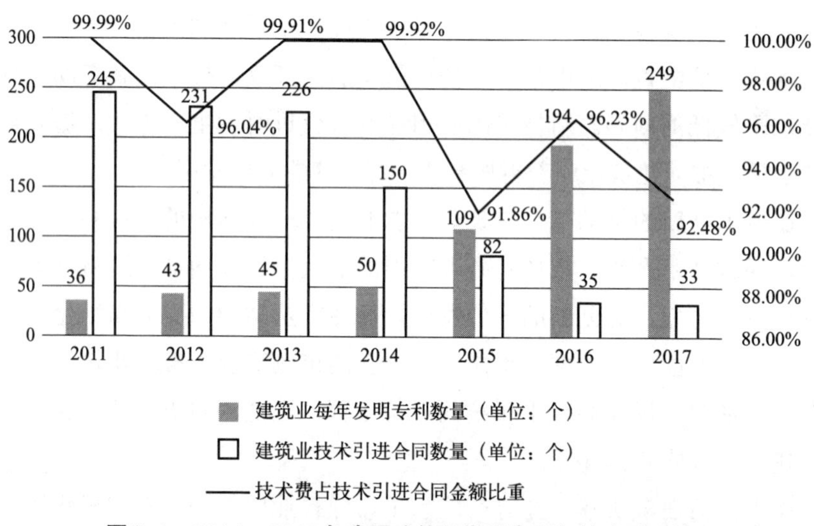


**图8-1　2011—2017年我国建筑业发明专利与技术引进情况**

注：数据根据《中国科技统计年鉴》整理而得

政策作为建筑行业的基石，通过政策引导可以在技术创新方面给予更多的扶持。本书从以下几个方面提出相应的对策和建议。

**（1）建立健全政策扶持体系**

为了激励和支持建筑业的技术创新，政府可以通过调整财政和税收政策，向建筑企业提供一定的优惠措施，例如针对研发活动的税收减免和优惠贷款政策，可以鼓励其加大创新投入。此外，政府还可以推动建筑企业、高等院校和科研机构之间的合作与交流，建立起一个密切配合的技术创新合作网络。在这个网络中，建筑企业可以发挥引领作用，而高校和科研机构则可以为企业提供前沿科技支持和人才培养。另外，政府可以设立专门的研究机构，致力于制定建筑行业技术进步的标准，以此为行业发展树立标杆，推动技术创新的持续推进。通过帮助建筑行业了解市场所需的技术趋势，并及时调整技术方向，企业可以更好地适应市场需求的变化，保持竞争优势，推动整个行业向前发展。

**（2）加强对知识产权的保护**

随着社会的不断进步，人们对知识产权的重视程度逐渐提高，这是企业在竞争中取得优势的重要工具之一。目前我国建筑行业在知识产权保护意识方面仍有待提升。为了更好地促进企业自我革新，避免盲目模仿和产能堆积甚至过剩，政府应加强知识产权保护意识的宣传和推广。一来可以激发企业的创新活力，促进行业技术创新水平的提高；二来可以帮助企业在激烈的市场竞争中立于不败之地。

**（3）构建建筑业技术创新人力资源体系**

在建筑业的发展过程中，人力资源一直扮演着重要的角色。技术创新作为推动行业发展的关键因素，需要大量的人力资源投入。为了更好地发挥人力资源在技术创新中的作用，需要构建一个系统的职业培训和资格认证体系。通过这一体系，有针对性地提升技术人才的学习和职业技能水平，以更好地应对技术创新发展的需求。同时，明确技术创新的重点和所需人才的标准，是实现人力资源优化配置的基础。通过选拔适合的人才并为其提供精准的培训和发展机会，构建一支高素质的技术创新团队。这一体系应该是动态的，能够随着市场需求和技术进步的变化进行调整，以确保企业的技术创新能够及时跟上时代的步伐。

**（4）完善风险投资机制**

风险投资在高科技领域中扮演着关键角色。在传统看法中，建筑业往往被视为稳健且可控的投资领域，与高科技行业的风险投资形式有着显著区别。然而，事实证明，风险投资对建筑业的技术创新同样至关重要。对于那些缺乏技术研发资金的建筑企业来说，风险投资提供了一种有效的融资途径。通过利用这些资金，企业可以集中精力改进技术、材料和管理方式，进一步提高投资回报率，吸引更多风险投资，形成良性循环。

## 第二节　企业层面

在当前的建筑业中，企业的技术创新活力和实力普遍偏弱，这直接导致了行业整体技术创新水平的滞后。技术创新的效率低下使得许多企业仍依赖传统的低端生产能力来维持运营，进而限制了整体产能水平的提升。

若分析企业在自主创新过程中可能遇到的挑战，可以从两个方面进行探讨：一是企业缺乏自主创新的动力和热情；二是技术创新后可能面临的竞争风险。首先，站在企业的角度，如果进行技术创新并成功开发出新的技术和产品，确实能够在市场上占据有利地位并获得高收益。由于技术的传播成本相对较低，其他企业可能会轻易获取这些新技术并进行模仿生产。这样一来，原本具有竞争力的技术很快就会变得普遍，导致技术优势丧失。同时其他企业的盲目跟风生产还可能引发产能过剩的问题。这种情况给原本想要进行技术创新的企业带来了顾虑。由于担心技术创新带来的收益被快速稀释，这些企业可能会对创新持保守态度，缺乏自主创新的动力和热情。

在行业水平上，若技术创新成果管理体系不完善，企业在进行技术创新时可能会遭遇资源短缺的挑战，这可能导致一段时间内缺乏新的创新成果涌现，而企业可能会偏向于利用现有生产能力。然而，市场需求可能已经转变，导致产能利用率下降。由于资源匮乏，企业可能会采取盲目投资策略，试图扩大市场份额，或过分依赖技术引进以增强竞争力。尽管这些行为常见，但它们往往会加剧产能利用率下降的问题。若建立健全的技术创新成果管理体系，将有助于营造积极的技术创新环境，使技术成果更有效地转化为生产力。总之，完善的技术创新成果管理体系将鼓励企业积极开展自主创新，而不仅仅是依赖技术引进。通过这种方式可以避免市场升温时出现的技术崩溃局面，从源头上抑制产能利用率降低的问题，并减少这种情况发生的频率。针对建筑业在提高技术创新能力方面存在的问题和障碍，企业可以从以下几个方面着手提升自身的技术创新能力。

**（1）采取正确的技术创新方式**

为了提升建筑业的技术创新能力，行业内主要采取自主研发和引进技术后的模仿创新两种路径。这两条路径均强调企业必须自主完成技术创新工作，凸显了自主创新的重要价值。

**（2）提高企业技术装备率，推动建筑工业化发展进程**

如图8-2所示，从建筑企业技术装备率和动力装备率的角度分析，我国建筑企业的技术装备率呈现持续下滑的趋势，而动力装备率自2014年开始也呈现下降的态势。这一现象背后反映了市场结构的不合理，因为从业人数持续增加，导致每人平均占有的机械装备价值降低。这进一步证实了我国建筑企业在机械装备程度和技术水平方面的不足，同时也揭示了工业技术的发展潜力。

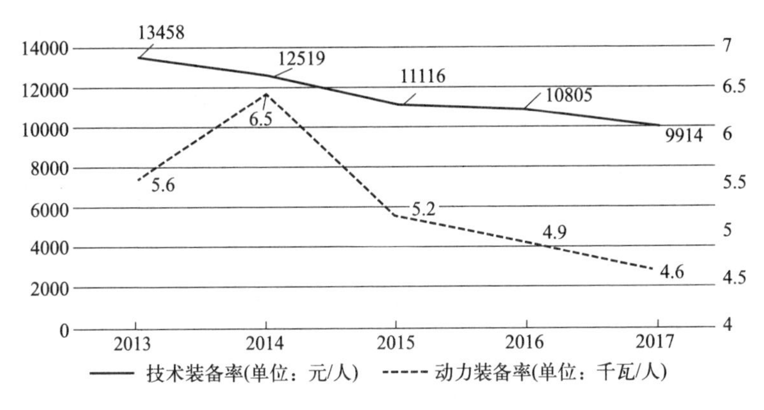


**图8-2　2013—2017年建筑业技术装备率和动力装备率**

注：数据根据《建筑业统计年鉴》和《中国统计年鉴》整理而得

研究结果表明，建筑业的技术设备率对经济增长的影响最为显著。这意味着通过增加在技术设备和研发方面的投资，可以有效提升建筑业的技术水平。更多的资金投入将激发企业更加重视技术创新，从而显著改善建筑业的技术创新水平。提高技术创新水平对推动建筑工业化进程具有积极的作用。

建筑业转型与设备和技术的工业化水平的提升两者实属相辅相成的关系，通过提升设备和技术的工业化水平，从而加快建筑业转型，实现建筑业可持续的经济发展。因此，加强对技术设备和研发的投资，促使建筑业更加注重技术创新，将为行业的可持续发展创造良好的基础。

**（3）优化企业科技创新投入，增加R&D人员数量**

建筑业吸收了大量农村剩余劳动力，为经济发展和社会进步做出了重大贡献。但为了实现可持续稳定发展，建筑企业需要积极吸引和培养人才。当前，中国建筑业面临人才短缺的问题，尤其是管理人才和高水平的专业技术人才，人才流动大成为限制行业发展的瓶颈之一。一方面，业主在市场中的“主导”地位使得许多优秀建筑人才首选业主方，而建筑公司的薪酬差异直接影响了人才的流动。

如图8-3所示，尽管我国建筑业R&D人员的数量在逐年增长，呈现上升趋势，但R&D人员在建筑业从业人数中的比重仍然不足1/4。硕士以上学历人员在建筑业从业人数中的比重仅约为1/10，高级科技人员明显不足。这一问题伴随着严重的人才流失，进一步削弱了建筑业技术创新的基础。

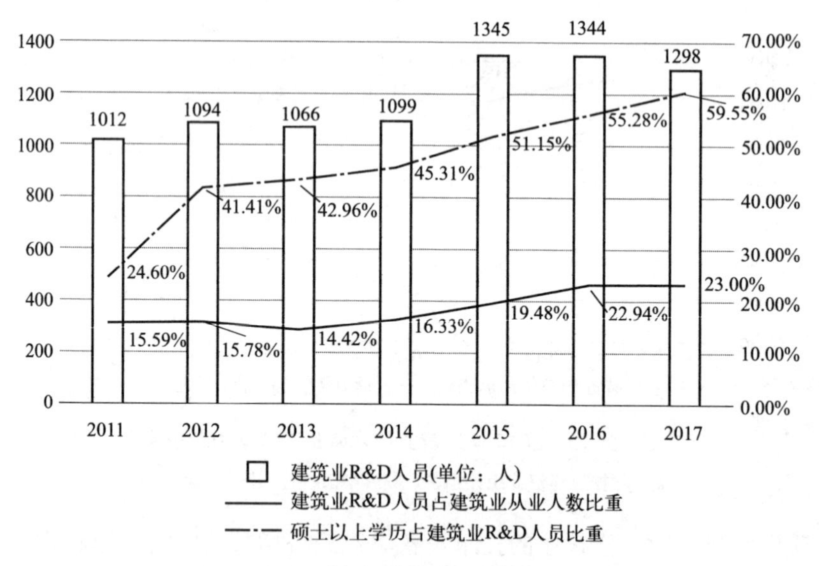


**图8-3 2011—2017年我国建筑业R&D人员情况**

注：数据根据《中国科技统计年鉴》整理而得

建筑业的技术创新不仅依赖于先进的机械设备，还离不开研发人员的辛勤付出。这些专业人士不仅创造新的技术，而且在将研究成果应用于实际生产的过程中发挥着至关重要的作用。与机械设备相比，研发人员在技术创新过程中具有无法替代的价值。因此，除了加强对建筑业机械设备的重视外，还必须注重对研发人员的投入和培训。这样可以确保他们在技术创新中更好地发挥自己的专长。通过提供更多的资源和支持，如资金、设备和培训，可以激励研发人员积极参与创新活动，并促进他们在技术研究和应用方面取得更大的成就。

### （4）加大企业R&D经费内部支出投入，缩短与发达国家间的差距

建筑业的转型依赖于科技进步和信息化的运用。然而，目前许多技术仍处于起步阶段，面临着研发难度大、速度缓慢和资源不足等挑战。在市场上，虽然存在大量的软件，但它们的推广规模有限，同时各专业软件之间的协同兼容性较差。根据国家有关部门的数据统计，我国建筑业研发机构数量不断减少，截至2017年仅有33个，如图8-4所示。这表明我国建筑业研发机构数量较少，研发能力明显不足。如图8-5所示，尽管建筑业R&D内部经费逐年增加，但其占总R&D内部经费的比重稳定在0.11%左右，而建筑业生产总值占国内生产总值的比重约为26%。可见建筑业在R&D经费投入方面严重不足。

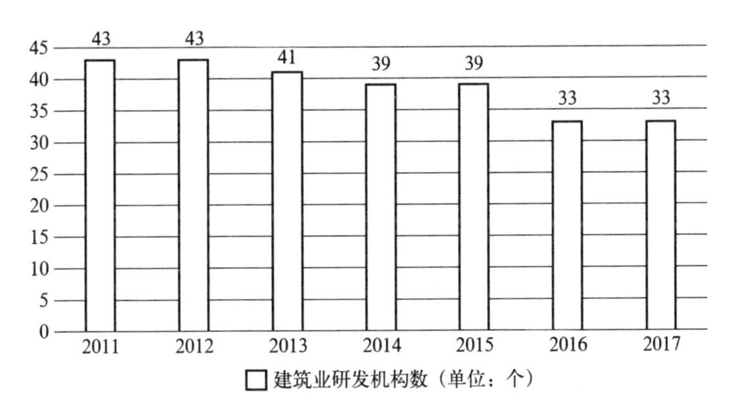


**图8-4　2011—2017年我国建筑业研发机构数**

注：数据根据《中国科技统计年鉴》整理而得

尽管我国在建筑业技术创新方面的投入持续增加，无论是在机械设备还是人员培养方面，资金的投入都有所增长，这使得机械和人才在技术创新过程中发挥越来越重要的作用。然而，与发达国家相比，我国在这些相关方面的投资水平仍然存在一定的差距。因此，在投入资金的同时，必须更加注重建筑业的长期发展，而不仅仅是追求眼前的利益。这意味着需要制定更为长远的发展规划，加大对技术创新和人才培养的投入，同时优化资源配置，提高投资的效益。此外，还应该加强国际合作与交流，借鉴和

吸收发达国家的先进经验和技术，加快我国建筑业的发展步伐。

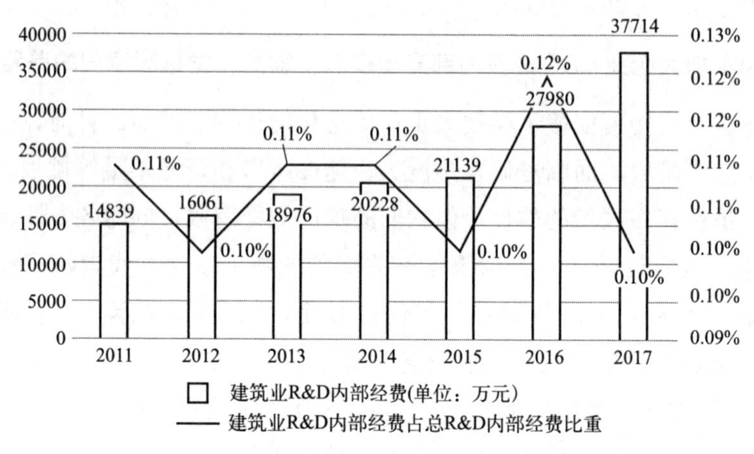


图8-5　2011—2017年我国建筑业R&D内部经费情况

注：数据根据《中国科技统计年鉴》整理而得

### （5）重视企业科技投入的连续性

建筑业的发展是一个长期的过程，为了实现建筑业的更好发展，对于技术创新的投资应当契合其长期发展的客观规律。投资应有助于建筑业的可持续发展，并为行业的经济增速提供助力。建筑业应抓住转型的机遇，通过技术创新的投入，实现从“量”的增长向“质”的提高的转变，逐步淘汰落后产能，解决产能水平低的问题，以促进经济的进一步发展。

### （6）加强产学研合作创新

在开展技术创新活动时，建筑企业应注重与高校和科研机构的联系与沟通，这不仅有助于实现资源共享和相互支持，还可以有效解决材料不齐或资源短缺的问题。通过多方共同参与，可以促进技术创新的顺利完成，减少资源浪费或闲置。这种合作模式还可以实现共同目标的设定，促进成果的快速共享，并合理分担风险。

### （7）加强企业信息化建设

在当今信息时代，信息已成为不可忽视的重要发展资源。建筑业应重视对信息技术的运用，以提升企业竞争力和发展水平。为了更好地进行技术创新活动，建筑企业应建立全过程的全方位管理体系、机制和信息系统，为技术创新活动提供必要的信息服务和支持。

## 本章小结

本章探讨了我国建筑业在转型过程中市场供需不平衡，建筑行业产能水平低的问题，从政策层面和企业层面对建筑业技术创新提升产能提出积极建议。

# 附录　建筑业转型技术创新提升产能评价指标体系调查表

尊敬的专家：您好！

目前课题组正在进行“建筑业转型技术创新提升产能”课题研究。本问卷的目的是构建建筑业转型技术创新提升产能评价的指标体系。请您在认为合适的指标选项后画“√”，并回答相关问题。完成本问卷大约需要占用您5分钟的宝贵时间，深表感谢！

## 一、您的基本信息

工作单位：行政主管部门（　　）　　　　高校/科研院所（　　）

企业单位（　　）

工作岗位：　　　　　　　　　　　　　　职称：

## 二、建筑业转型技术创新提升产能评价指标筛选

建筑业转型技术创新提升产能评价指标体系，包括定量指标和定性指标，详见下表内容。请您在认为合适的因素旁画“√”，若不合适，请提出您的调整意见。

| 序号 | 二级指标名称 | 是否选取及调整意见 |
| --- | --- | --- |
| 1 | 建筑业R&D经费内部支出 | |
| 2 | 建筑业R&D研究课题经费 | |
| 3 | 建筑业R&D人员全时当量 | |
| 4 | 建筑业R&D人员数 | |
| 5 | 建筑业硕士以上学历占R&D人员数 | |
| 6 | 建筑业R&D经费投入强度 | |
| 7 | 企业总产值 | |
| 8 | 固定资产净值 | |

续表

| 序号 | 二级指标名称 | 是否选取及调整意见 |
| --- | --- | --- |
| 9 | 存货 | |
| 10 | 建筑业获得国家优质工程奖（鲁班奖）的数量 | |
| 11 | 建筑业科技成果数量 | |
| 12 | 绿色建筑标识项目数量 | |
| 13 | 劳动生产率 | |
| 14 | 从业人员数 | |
| 15 | 技术装备率 | |
| 16 | 建筑业企业个数 | |
| 17 | 通过专业评估高校数量 | |
| 18 | 建筑业总产值 | |
| 19 | 建设工程监理企业 | |

# 参考文献


[1] Stumpf I. Competitive pressures on middle-market contractors in the UK[J]. Engineering, Construction and Architectural Management, 2000, 7(2): 159-168.

[2] Ofori G. Singapore's construction: moving toward a knowledge-based industry[J]. Building Research & Information, 2002, 30(6): 401-412.

[3] Winch G M. Innovativeness in British and French construction: the evidence from Transmanche-Link[J]. Construction Management and Economics, 2000, 18(7): 807-817.

[4] Seaden G, Manseau A. Public policy and construction innovation[J]. Building Research & Information, 2001, 29(3): 182-196.

[5] Chinowsky P. Strategic Management in Construction[J]. Journal of Construction Engineering, 2011(27): 116-124.

[6] Bonham M B. Leading by example: new professionalism and the government client[J]. Building Research & Information, 2013, 41(1): 77-94.

[7] Holt G D. Construction business failure: conceptual synthesis of causal agents[J]. Construction Innovation, 2013, 13(1): 50-76.

[8] Na Y, Palikhe S, Lim C, et al. Health performance and cost management model for sustainable healthy buildings[J]. Indoor and Built Environment, 2016, 25(5): 799-808.

[9] Bordass B, Leaman A. A new professionalism: remedy or fantasy?[J]. Building Research & Information, 2013, 41(1): 1-7.

[10] Hipke T, Hohlfeld J, Rybandt S. Functionally aluminum foam composites for building industry[J]. Procedia Materials Science, 2014, 4: 133-138.

[11] Volk R, Stengel J. Schul tmann buildings-Literature review and Building Information Modeling (BIM) for existing future needs[J]. Automation in Construction, 2014.

[12] Staniewski M W, Nowacki R, Awruk K. Entrepreneurship and innovativeness of small and medium-sized construction enterprises[J]. International Entrepreneurship and Management Journal, 2016, 12: 861-877.

[13] Liu G, Li K, Zhao D, et al. Business model innovation and its drivers in the Chinese construction industry during the shift to modular prefabrication[J]. Journal of Management in Engineering, 2017, 33(3): 04016051.

[14] 周建亮,吴跃星,鄢晓非.美国BIM技术发展及其对我国建筑业转型的启示[J].科技进步与对策,2014,31(11):30-33.

[15] 高源,刘丛红.我国传统建筑业低碳转型的创新研究[J].科学管理研究,2014,32(04):72-75.

[16] 陈政高在全国装配式建筑工作现场会上要求大力发展装配式建筑 促进建筑业转型[J]. 建筑设计管理,2016,33(12):45-46.
[17] 孔燕. 对建筑业转型中人才队伍建设的思考——以四川建筑业发展情况为例[J]. 四川建材,2016,42(05):224-226.
[18] 穆文奇,郝生跃,宋天石. 我国建筑企业发展的路径依赖研究[J]. 建筑经济,2016,37(10):10-13.
[19] 毕天平,杨雪梅,高东燕. 经济新常态下我国建筑企业发展形势分析[J]. 建筑经济,2016,37(04):5-7.
[20] 石治平. 信息化:建筑业转型的强力支撑[J]. 建筑,2017,(04):20-21.
[21] 谢芳芸. 我国建筑工业化产业生态系统演化及企业转型路径研究[D]. 重庆:重庆大学,2017.
[22] 杨杰,宋凌川,崔秀瑞,等. 基于演化博弈的工程总承包模式推广分析[J]. 工程管理学报,2017,31(04):6-11.
[23] 崔秀瑞. 供给侧改革背景下建筑业转型研究[D]. 济南:山东建筑大学,2017.
[24] 彭书凝,王凤起,江兆尧.BIM在建筑产业现代化进程中的应用[J]. 施工技术,2017, 46(06):56-59.
[25] 李学东. 管理创新是建筑施工企业实现转型的必经之路——以某大型施工企业项目管理为例[J]. 中国有色金属,2018,(S1):176-179.
[26] 袁丹丹. 装配式建筑对建筑业转型影响研究[D]. 合肥:安徽建筑大学,2018.
[27] 张爱琳, 梁爽. 互联网+信息化技术促进建筑业转型[J]. 价值工程, 2018, 37(03):167-168.
[28] 李兰兰. 中国建筑业绿色转型发展的路径研究[D]. 武汉:武汉理工大学,2018.
[29] 牛松,刘玉明,董继伟. 发展装配式建筑及其对建筑业供给侧结构性改革的影响分析[J]. 工程经济,2018,28(05):40-44.
[30] 曹家玮. 新常态下安徽省建筑业转型研究[D]. 合肥:安徽建筑大学,2018.
[31] 张英杰,叶怀远,王晓峰. 中国建筑业未来发展对策研究——基于建筑业劳动力供求的视角[J]. 经济问题,2018,(11):66-73.
[32] 赵鹤.A建筑施工企业转型策略研究[D]. 北京:北京建筑大学,2019.
[33] 张婧,沈良峰,张微巍,等. 老龄化视角下我国传统建筑行业转型发展研究[J]. 价值工程,2020,39(21):81-83.
[34] 王利民. 浅析建筑业企业的转型高质量发展[J]. 施工企业管理,2021,(06):64-66.
[35] Nelson R R, Winter S G. Simulation of Schumpeterian competition[J]. The American Economic Review, 1977, 67(1): 271-276.
[36] Magat W A. Pollution control and technological advance: A dynamic model of the firm[J]. Journal of Environmental Economics and Management, 1978, 5(1): 1-25.
[37] Tadesse S. Financial architecture and economic performance: International evidence[J].

Journal of Financial Intermediation, 2002, 11(4): 429-454.
[38] Nasierowski W, Arcelus F J. Interrelationships among the elements of national innovation systems: A statistical evaluation[J]. European Journal of Operational Research, 1999, 119(2): 235-253.
[39] Nasierowski W, Arcelus F J. On the stability of countries' national technological systems[M]. New York: Springer US, 2000.
[40] Nasierowski W, Arcelus F J. On the efficiency of national innovation systems[J]. Socio-Economic Planning Sciences, 2003, 37(3): 215-234.
[41] Prahalad C K, Hamel G. The core competence of the corporation[M]. London: Routledge, 2009.
[42] Goedhuys M, Veugelers R. Innovation strategies, process and product innovations and growth: Firm-level evidence from Brazil[J]. Structural Change and Economic Dynamics, 2012, 23(4): 516-529.
[43] Davis P, Gajendran T, Vaughan J, et al. Assessing construction innovation: theoretical and practical perspectives[J]. Construction Economics and Building, 2016, 16(3): 104-115.
[44] Sepasgozar S M E, Davis S, Loosemore M, et al. An investigation of modern building equipment technology adoption in the Australian construction industry[J]. Engineering, Construction and Architectural Management, 2018, 25(8): 1075-1091.
[45] Ernstsen S N, Whyte J, Thuesen C, et al. How innovation champions frame the future: Three visions for digital transformation of construction[J]. Journal of Construction Engineering and Management, 2021, 147(1): 05020022.
[46] 张志盈,陈瑶,黄佳祯.基于网络层次分析法的建筑技术创新性指标体系分析[J].价值工程,2014,33(22):171-173.
[47] 刘红勇,陈逸奇,杨毅.川西气田油气绿色开采工程技术创新与实践[J].科技管理研究,2014,34(23):46-48+52.
[48] 陈帆,谢洪涛.我国建筑业区域技术创新能力比较与分类研究[J].科技与经济,2014, 27(02):34-38.
[49] 单英华,李忠富.基于演化博弈的住宅建筑企业技术合作创新机理[J].系统管理学报, 2015,24(05):673-681.
[50] 韩增龙.建筑业技术创新激励政策研究[D].重庆:重庆大学,2015.
[51] 王涛,刘慧,郑俊巍.BIM技术应用对建设工程创新影响机理研究[J].科技进步与对策,2016,33(16):12-16.
[52] 陈兴海,鲁文霞,赵兴祥.基于DEA-Tobit模型的特级资质建筑企业科技创新效率测度[J].科技进步与对策,2016,33(16):17-20.
[53] 曾磊,张进,陈城,等.重大建设工程技术与管理协同创新关键影响因素研究[J].

科技进步与对策,2016,33(16):7-11.

[54] 刘世婧.建筑业技术创新和知识转移中障碍与政府驱动力优选级研究[D].济南:山东建筑大学, 2016.

[55] 陈晨.基于产业集群的建筑业技术创新扩散研究[D].西安:西安建筑科技大学,2016.

[56] 王昭.建筑业企业技术创新效率评价研究——基于DEA方法的实证分析[J].工程管理学报,2018,32(05):40-44.

[57] 陈奕林,尹贻林,钟炜.BIM技术创新支持对建筑业管理创新行为影响机理研究——内在激励的中介作用[J].软科学,2018,32(11):69-72.

[58] 郭攀.技术变革背景下建筑业在位企业商业模式创新实现机理研究[D].重庆:重庆大学,2018.

[59] 郭慧锋,叶卫正.建筑业产业技术创新战略联盟系统结构研究[J].建筑经济,2018,39(12):18-20.

[60] 陈奕林.BIM技术的采纳及创新支持对中国建筑业影响机制研究[D].天津:天津理工大学,2019.

[61] 张完定,崔承杰,王珍.基于治理机制调节效应的技术创新与企业绩效关系研究——来自上市高新技术企业的经验数据[J].统计与信息论坛,2021,36(03):107-118.

[62] 谢宜章,杨帆.环境规制、研发投入与先进制造业绿色技术创新[J].财经理论与实践, 2023,44(04):129-136.

[63] Cassels J M. Excess Capacity and Monpolistic Competition[J]. Quarterly Journal of Economics,1937,51(3): 426-443.

[64] Klein L R, Long V, Greenspan A, et al. Capacity utilization: concept, measurement, and recent estimates[J]. Brookings Papers on Economic Activity, 1973(3): 743-763.